# Kulinarisches aus Wald und Flur

## Rezepte für Waldläufer, Survivalisten und Outdoorfans

# Inhalt

Vorwort ................................................................... 4

Schätze aus Wald und Flur ............................................ 5

   Sammeln von Wasser und Nahrung ............................. 7

   Der Jahreszeiten-Sammelkalender ............................. 13

   Januar bis April ....................................................... 14

   Mai bis August ........................................................ 19

   September bis Oktober ............................................ 24

   Haltbarmachen ...................................................... 29

   Kochen ohne Kochtopf ........................................... 33

   Giftiges! Gefährliches! ............................................. 36

   Heilsames! ............................................................. 41

Pflanzliche Nahrung .................................................. 42

   Gebäck .................................................................. 43

   Suppen .................................................................. 54

   Hauptspeisen ......................................................... 73

   Essig / Öl ............................................................... 93

   Salate .................................................................. 101

   Nachspeisen / Süßes   Knabbereien ....................... 108

   Pesto / Saucen ..................................................... 114

   Aufstriche / Butter ................................................. 121

   Getränke .............................................................. 125

Tierische Nahrung ............................................................. 135
Nachwort ........................................................................... 145
Literaturempfehlungen: .................................................. 146

Herstellung und Verlag:
© 2017
Herstellung und Verlag: BoD – Books on Demand, Norderstedt.
ISBN: 9783743190764

Copyright:
© 2017 Rhiannon Brunner,
Erstveröffentlichung 02.04.2017

Alle Rechte vorbehalten. Abdruck und Verwendung nur mit schriftlicher Genehmigung der Autorin.

# *Vorwort*

Über Jahrtausende hinweg gab die Natur dem Menschen alles Nötige zum Überleben. Ihr entnahm er Wasser, Nahrung, Medizin und vieles mehr.

Dank "Konservennahrung", ständiger Verfügbarkeit an Lebensmittel und anderen zivilisatorischer Errungenschaften können wir längst zu jeder beliebigen Jahreszeit jegliche Nahrung erhalten, nach der uns gerade gelüstet.

Umso interessanter ist die Trendwende des Zurück. Wo alles im Überfluss vorhanden ist, kehrt deutlich öfter der Wunsch ein, sich auf das ursprünglichere, einfachere Leben zu besinnen.

Dieses Buch ist all jenen gewidmet, die sich nach einer stärkeren Bindung zur Natur sehnen. Wir können - und wollen - nicht alle einem Eremiten gleich, mitten im Wald leben. Aber jeder darf - und soll - sein Stück Ursprünglichkeit suchen und finden.

Ob du dich dem Survival / Bushcraft widmest, gerne Outdoor unterwegs bist oder Rezepte suchst, um auf einem LARP einen Waldläufer oder Trapper darzustellen, hier bist du richtig.

# *Schätze aus Wald und Flur*

Große, freie Naturflächen minimieren sich, besonders im Herzen Europas immer mehr. Monokulturen, Überdüngung, aussterbende Arten und Müllabladungen und -entsorgungen mitten im Wald tun der Natur ebenfalls nicht gut.

Als Gegenpol entwickelt sich seit Jahren ein Trend mehr mit und aus der Natur leben zu können. Gab es einst keine Alternativen als sich dem Lauf der Jahreszeiten zu unterwerfen, entscheiden sich heute viele bewusst für die Rückkehr zum einfachen Leben.

Wer über einen eigenen Garten verfügt, darf sich in dieser Situation glücklich schätzen. Als Stadtbewohner ist es weitaus schwerer. Meist fehlt ein eigenes Stück Land, um dem Drang nach Freiraum und Natur realistisch nachgeben zu können.

Wie geht es dir? Besitzt du einen eigenen Garten? Hast du Bekannte und/oder Familie mit eigenem Grund und Boden im ländlichen Raum? Fehlt das alles, bleiben noch Wanderungen in Wald und Flur, in denen du Pflanzen sammeln kannst.

Seit 1975 steht im österreichischen Forstgesetz, dass jedermann den Wald zu Erholungszwecken betreten und sich darin aufhalten darf! Generell bedeutet es, du darfst dich überall in Wald und Flur frei bewegen.
Dieses Betretungsrecht beinhaltet Ausnahmeregelungen wie befristete Sperren für Forstarbeiten oder unbefristete für "Sonderkulturen".

*Entsprechende Ansprechpartner für konkrete Nachfragen (Stand März 2017) findest du hier:*

*Bundesministerium für Land- und Forstwirtschaft, Umwelt und Wasserwirtschaft (BMLFUW)*
*Abteilung III 3 - Forstliche Rechtspolitik und Legistik*
*Stubenring 1*
*1010 Wien*

Beachte bei deinen Wanderungen vorherrschende Gesetze wie Natur- und Artenschutz! Sonst kann aus einem wunderbaren Gedanken rasch ein ziemliches Problem für dich entstehen.
Mach, was du tun kannst, ohne anzuecken - und freue dich der Natur, die - zumindest jetzt - noch jedem zugänglich ist.

Für Fragen zum Thema "gefährdete Tiere und Pflanzen", auch als "rote Liste" bekannt, frag an oben genannter Adresse oder unter [naturschutz@umweltbundesamt.at](mailto:naturschutz@umweltbundesamt.at) nach.

## *Sammeln von Wasser und Nahrung*

Wie kaufst du üblicherweise in einem Geschäft ein? Hast du einen Einkaufszettel in der Hand oder wählst du nach aktuellem Gusto und Geschmack? Klapperst du jede Abteilung einzeln ab oder gehst du gezielt vor? Kennst du die ganzen Tricks der Märkte, die dir das Geld aus der Tasche ziehen sollen?

Längst erwarten die meisten, dass noch fünf Minuten vor Ladenschluss frisches Brot im Regal zu liegen hat. Wir leben im Überfluss, nehmen es als gegeben an und erwarten diesen Umstand als permanent.

In der freien Natur sieht es anders aus. Sie ist kein "Selbstbedienungsladen" wie der Supermarkt ums Eck. Zu manchen Jahreszeiten fällt es schwer an ausreichend Nahrung zu kommen, oder es fehlen Wasserquellen. Die Natur lehrt uns Demut. Sie bringt uns bei, mit weniger auszukommen. Wer sich jedoch darauf einlässt, ist im Regelfall gesünder und glücklicher als jene, die sich allein auf den Supermarkt verlassen.

### Wasser

Ohne Essen kommst du länger aus, als ohne Wasser. In einer realen Überlebenssituation hat Wassersuche primär Vorrang vor Nahrungssuche.

Selbst bei einem Campingausflug oder einem simplen Wandertag kann dir das mitgenommene Wasser ausgehen.

Irgendwann stellt sich unerbittlich Durst ein. Weißt du, wie du an genießbares Wasser kommst? Hier sind die gängigsten Möglichkeiten:

- Oberflächenwasser (Pfützen, Bäche oder Seen)
  Verwende Kohle-Keramikfilter aus einem Laden oder bau dir deinen eigenen Filter. In beiden Fällen kostet es Zeit und Energie. Alternativ kannst du das Wasser vor dem Genuss abkochen.
- Regenwasser / Morgentau
  An Baumstämmen läuft Wasser ab. Sammle es, indem du Behälter, aufgespannte Folie oder schräg fixierte Seile nutzt.
- Moose
  Sie speichern Wasser wie Kakteen in der Wüste. Moose wachsen bevorzugt an feuchten, Plätzen. Bei Regen saugen sie bis zum 20fachen ihres eigenen Gewichtes an Flüssigkeit auf und speichern es.

### **Achte auf deine Umgebung!**

Tierpfade führen dich zu Wasserstellen. In Felsspalten findest du Wasser, da es am Felsen abperlt und sich in der Tiefe sammelt. Selbst in ausgetrockneten Fluss- und Bachbetten kannst du durch graben an Wasser gelangen.

Bäume und Büsche speichern Wasser. In dicken, glatten Wurzeln, die horizontal zur Erdoberfläche liegen, findest du es. Vorsicht! Sirupartiges Wasser ist ungesund!

Besonders leicht lässt sich Wasser aus Schnee gewinnen. Gib Schnee in kleine Plastikbeutel und trage diese in der Jackentasche. Isst du Schnee, verlierst du zu viel Energie! Achte darauf, dich nicht zu verkühlen!

**<u>Wichtig!</u>**
Achte darauf, abgekochtes Wasser mit ausreichend Mineralien anzureichern. Dazu reicht es, kleinere Steine und Erde in den Wasserbehälter zu geben. Notfalls genügt dein eigenes, verschwitztes T-Shirt. Mineralstoffmangel kann heftige Folgen haben!

## <u>Nahrung</u>

Vielfach stehen Unkräuter in der Wildnisküche auf dem Speiseplan. Besonders an regelmäßig gemähten Orten findest du verschiedenste Blumen und Kräuter wie Löwenzahn, Gänseblümchen, Klee oder Veilchen.

### <u>Oberste Regel - Kenne, was du sammelst!</u>

Nichtwissen führt regelmäßig zu Problemen, wenn Menschen giftige Doppelgänger sammeln und anschließend zubereiten. Selbst scheinbar "einfache" und bekannte Pflanzen wie Bärlauch oder Eierschwammerl verfügen über hochgiftige Doppelgänger.
Bevor du dich damit auseinandersetzt, Pflanzen für den Eigengebrauch zu sammeln, befass dich ausführlich mit ihnen. Nimm auf deinen Wanderungen Pflanzenführer mit. Besuche Kurse, die dir die heimische Fauna und Flora nahe bringen.

Fang am besten klein an. Sieh dich im eigenen Garten um,

besuche zu Übungszwecken Parks oder Wiesen deiner näheren Umgebung. Betrachte dort wachsenden Pflanzen und versuche sie zu bestimmen.

## Tipps und Tricks für gute Sachliteratur

- **offen für Neues**
  Geh offen an die Materie heran, hab keine Angst davor. Sei wissbegierig!
- **informatives Eingangskapitel**
  Achte auf erste Details zu Themen wie Inhaltsstoffe, Herkunft, Sammelhinweise, ...?
- **Bilder**
  Achte auf Anzahl und Qualität der Bilder. Optimal sind hervorragende Fotos. Alte Bücher mit detailreichen Zeichnungen eignen sich ebenfalls.
- **fang klein an**
  Das erste Buch muss kein dicker Wälzer sein. Wähle anfangs lieber ein dünneres mit Pflanzen, die du kennst.
- **Preis**
  Gute Bücher müssen nicht teuer sein. Hoher Preis alleine ist KEIN Qualitätskriterium!

## einfache Regeln für Sammler

- **Sicherheit**
  Sei dir deines Sammelgutes bewusst. Vorsicht bei unbekannten Pflanzen!
- **nutze gute Stellen**
  Besonders wertvolles Sammelgut findest du in

Wasserschutzgebieten.
feuchte Gebiete - beste Nahrung in der Sonne
trockene Gebiete - beste Nahrung nahe am Wasser

- vermeide unreine / heikle Stellen
Baumstümpfe, Kot, gedüngte Flächen, Urin, Wiesen mit Jauche, ….

- keine alten und/oder toten Pflanzen
Sammle lebende, junge Pflanzen für den Verzehr. Finger weg von Pflanzen mit dichtem Pelz, Klebrigkeit, Schleim oder Gestank.

- Vergiftungsmöglichkeiten
Achte auf Vergiftungserscheinungen, geh bei ersten Anzeichen zum Arzt, befass ich vorab ausgiebig mit möglichen Risiken, um dir und anderen helfen zu können.
Bist du dir unsicher, probier erst eine kleine Menge. Spürst du keine Vergiftungserscheinungen, probier nach einer halben Stunde mehr.
Spürst du unerwünschte Nebenwirkungen, versuch das Gegessene umgehend zu erbrechen.

- lass stets ausreichend Pflanzen stehen
Sammle niemals alles ab, Pflanzen benötigen einen gewissen Grundstock, um im nächsten Jahr erneut wachsen und gedeihen zu können.

- Sammeltechnik
Reiß Pflanzen keinesfalls aus. Geh mit ihnen sorgsam um, zupfe oder schneide diese besser ab. In Messergeschäften findest du spezielle Pilzmesser für Pilzsammler.

- **Sammelbehälter**
  Besonders gut eignen sich Körbe. Sammel- und Transportbehälter sollten luftdurchlässig sein. Plastiksackerl sind ein No-Go. In ihnen verdirbt dein Sammelgut zu schnell.
- **rohes Material kochen**
  Dadurch eliminierst du Parasiten.
- **direkt nutzen**
  Sammle die Menge, die du direkt nutzen willst (oder haltbar zu machen gedenkst), verschwende nichts.

### **Fundorte für Nahrung**

Bäume und Sträucher tragen Früchte wie Nüsse oder Bucheckern mit essbarem Fruchtfleisch.
Frische Nüsse sind sättigend und leicht feucht.
Eicheln sollten vor dem Verzehr passend behandelt werden.
Obstbäume stehen in Lichtungen, Straßenrändern oder neben Wasserläufen.
Leckere Beeren findest du auf dornigen Büschen. Wiesen und Wälder beherbergen Teppiche an Blumen. In ihnen stecken viele gesunde Oxidantien und anderes Gutes!

Öffne deine Augen, die Natur birgt einen Schatz an Genießbarem! Eine Hilfestellung kann dir dieser Sammelkalender bieten. Bedenke jedoch dabei, Angaben können variieren. Wärmere Jahre bringen Pflanzen früher, kühlere später zum Blühen, Wachsen und Gedeihen. Witterungsverhältnisse und Örtlichkeit spielen ebenfalls eine Rolle. Bedenke dies, wenn du den Sammelkalender nutzt!

## *Der Jahreszeiten-Sammelkalender*

Nicht alle hier angeführten Pflanzen sind zum Verzehr geeignet. Einige können giftig sein, andere Allergien auslösen, jedoch anderweitig nützlich sein. Diese lassen sich beispielsweise für Räucherungen nutzen.

Lass im Zweifelsfall die Pflanze stehen, mach Fotos davon und recherchiere nach. Zeig die Fotos Kennern oder nimm jemanden mit, der die Pflanzen gut kennt.

-> **Sei vorsichtig, gib auf dich Acht!**
-> **Handle eigenverantwortlich!**

Kein Buch kann dich zu 100% vor einem Fehltritt bewahren! Es liegt in deiner eigenen Verantwortung, Sicherheit durch Wissenserwerb zu erlangen!

Dieser Sammelkalender ist vorrangig für Anfänger als erste, kleine Hilfestellung gedacht! Kein Kalender kann sämtliche Pflanzen anführen. Ein derartiges Unterfangen würde die Ausmaße eines Lexikons annehmen.

**Legende:**
B - Blüten
K - Kraut und Blatt
W - Wurzel
S - Samen/Früchte
H - Harze/Saft

## *Januar bis April*

|  | **Jan** | **Feb** | **Mär** | **Apr** |
|---|---|---|---|---|
| Ackerschachtelhalm |  |  |  |  |
| Ackerwinde |  |  | W | W |
| Ackelei |  |  |  |  |
| Alant | W | W | W | K/W |
| Ampfer | W | W | W | K |
| Bachbunge |  |  |  | K |
| Baldrian | W | W | W | B/K/W |
| Bärenklau | W | W | W | K/W |
| Bärlauch | W | W | K/W | B/K/W |
| Beifuss |  |  |  | K |
| Beinwell |  |  | W | K/W |
| Benediktenkraut |  |  | W |  |
| Bergminze |  |  |  | K |
| Bibernelle | W | W | W | K/W |
| Bilsenkraut |  |  | W | W/R |
| Birke |  |  | H | B/K/H/R |
| Blutwurz |  |  | W | W |
| Bocksbart |  |  |  | K |
| Braunelle |  |  |  | K |
| Brennnessel |  |  |  | K |
| Brombeere |  |  |  | K |
| Brunnenkresse |  |  | K | K |
| Distel |  |  |  | K |
| Dost |  |  |  | B |

|  | Jan | Feb | Mär | Apr |
|---|---|---|---|---|
| Ehrenpreis |  | B | B/K | B/K |
| Eibisch |  |  |  |  |
| Erdbeere |  |  | K | B/K |
| Engelwurz | W | W | K/W | K/W |
| Fenchel |  |  |  | K |
| Ferkelkraut |  |  |  | K |
| Fetthenne |  | W | K/W | K/W |
| Flockenblume |  |  |  |  |
| Franzosenkraut |  |  |  |  |
| Frauenmantel |  |  |  | K |
| Gänseblümchen |  |  | B/K | B/K |
| Gänsefingerkraut | W | W | W | K/W |
| Giersch | W | W | W | K/W |
| Glockenblume |  |  |  | K |
| Goldnessel |  |  | K | K |
| Gundermann |  |  | K | B/K |
| Günsel |  |  | B/K | B/K |
| Habichtskraut |  |  |  | B/K |
| Hainbuche |  |  |  | K |
| Hauhechel |  |  |  | K |
| Hederich |  |  |  | K |
| Heidelbeere |  |  |  |  |
| Hellerkraut |  |  |  | K |
| Hirtentäschel |  |  | B/K | B/K |
| Hopfen | W | W | K/W | K/W |
| Hopfenklee |  |  |  |  |

|  | Jan | Feb | Mär | Apr |
|---|---|---|---|---|
| Hornklee |  |  | K | K |
| Huflattich | W | B/W | B/W | B/W |
| Hundsrose |  |  |  |  |
| Johannisbeere |  |  | B/K | B/K |
| Kamille |  |  |  | B/K |
| Kapuzinerkresse |  |  |  |  |
| Katzenminze |  |  |  |  |
| Kerbel | W | W | W | B/K/W |
| Kirsche |  |  |  | B/K/R |
| Klette | W | W | W | K/W |
| Knoblauchrauke | W | W | W | K/W |
| Knöterich | W | W | W | K/W |
| Kornblume |  |  |  |  |
| Kornelkirsche |  | B/W | B/K | K |
| Königskerze |  |  |  | K |
| Kresse |  |  | K | B/K |
| Labkraut |  |  | K | K |
| Liebstöckel |  |  | W | W |
| Linde |  |  |  | K |
| Löffelkraut |  |  | K | B/K |
| Löwenzahn | W | W | B/K/W | B/K/W |
| Lungenkraut |  |  | B | B/K |
| Mädesüß |  |  |  | K |
| Margerite |  |  |  |  |
| Märzveilchen |  |  | B | B |
| Mistel | K | K/S |  |  |

|              | **Jan** | **Feb** | **Mär** | **Apr** |
|---|---|---|---|---|
| Mönchspfeffer |   |   |   |   |
| Nachtkerze |   |   |   | B/K |
| Natternkopf |   |   | K | K |
| Ochsenzunge |   |   |   |   |
| Pestwurz |   |   | W | W |
| Petersilie |   | K | K/W | K/W |
| Platterbse |   |   | K | K |
| Quecke | W | W | K/W | K/W |
| Rauke |   |   |   | K |
| Ringelblume |   |   |   |   |
| Rittersporn |   |   |   |   |
| Rohrkolben |   |   |   | K |
| Rosmarin |   |   |   |   |
| Rotklee |   |   | K | K |
| Salbei |   |   |   | K |
| Sauerampfer |   |   | K | B/K |
| Schachtelhalm | W | W | K/W | K/W |
| Schafgarbe |   |   |   | K/W |
| Scharbockskraut |   |   |   | B/K |
| Schaumkraut |   |   | B/K | B/K |
| Schlehe |   |   | B | B |
| Schlüsselblume |   |   |   | K |
| Schöllkraut |   |   | K | K |
| Sonnenhut |   |   | W | W |
| Springkraut |   |   |   | K |
| Steinklee | W | W | W | K/W |

|  | Jan | Feb | Mär | Apr |
|---|---|---|---|---|
| Stiefmütterchen |  |  | K | B/K |
| Sumpfkresse |  |  |  | K |
| Tellerkraut |  |  |  | B |
| Vergissmeinnicht |  |  |  |  |
| Vogelmiere |  |  | B/K/S | B/K/S |
| Wacholder |  |  |  |  |
| Waldmeister |  |  |  | K |
| Walnuss |  |  |  | K |
| Wasserlinse |  |  |  | K |
| Wasserpfeffer |  |  |  | K |
| Wegerich | W | W | W | K/W |
| Wegwarte | W | W | W | K/W |
| Weide |  |  | R | K |
| Weidenröschen |  |  |  | K |
| Weinrebe |  |  |  | K |
| Weißdorn |  |  |  | K |
| Wermut |  |  |  | K |
| Wiesenklee |  |  |  |  |
| Wiesenknopf | W | W | W | B/K/W |
| Wiesenschaumkraut |  |  |  | K |
| Winterkresse |  |  |  | B |
| Zaunwinde |  |  | W | W |
| Ziest | W | W | W | B/K/W |

## *Mai bis August*

|  | Mai | Jun | Jul | Aug |
|---|---|---|---|---|
| Ackerschachtelhalm | K | K | K | |
| Ackerwinde | | K | K | |
| Ackelei | K | K | K | K |
| Alant | K | B/K | B/K | |
| Ampfer | K | K | K | |
| Bachbunge | K | K | | B |
| Baldrian | B/K | B | | |
| Bärenklau | B/K | B/K | B/K | B/K/S |
| Bärlauch | B/K/W | S | W/S | W |
| Beifuss | K | K | B | B |
| Beinwell | B/K | B/K | B/K | |
| Benediktenkraut | | K | K | K |
| Bergminze | K | B/K | B/K | B |
| Bibernelle | K/W | B/KW | B | B/W/S |
| Bilsenkraut | K | | | |
| Birke | B/K | K | K | |
| Blutwurz | | | | |
| Bocksbart | B/K | B/K | B | |
| Braunelle | B/K | B/K | B/K | B/K |
| Brennnessel | B/K | K | K/S | S |
| Brombeere | K | B/K | B/K | K/S |
| Brunnenkresse | B/K | B/K | B/K | B/K |
| Distel | K | K | B/K | |
| Dost | B/K | B/K | B/K | B/K |

|  | Mai | Jun | Jul | Aug |
|---|---|---|---|---|
| Ehrenpreis | B/K | B/K | B/K | B/K |
| Eibisch | K | K | B/K | B/K |
| Erdbeere | B/K | K/S | K/S | K |
| Engelwurz | K | K | B | B |
| Fenchel | K | K | B/K | B |
| Ferkelkraut |  | B | B | B |
| Fetthenne | K | K | K | K |
| Flockenblume |  | B | B | B/K |
| Franzosenkraut | B/K | B/K | B/K/S | B/K/S |
| Frauenmantel | K | B/K | K | K |
| Gänseblümchen | B/K | B | B | K/S |
| Gänsefingerkraut | K | B/K | B/K | B |
| Giersch | K | B/K | B/K/S | B/S |
| Glockenblume | B/K | B | B | W |
| Goldnessel | B/K | B/K | K/S | K/S |
| Gundermann | B/K | B/K | K |  |
| Günsel | B/K | B/K | B/K |  |
| Habichtskraut | B/K | B/K | B/K | B/K |
| Hainbuche | K/S | S | S | S |
| Hauhechel | K | B/K | B/K | B |
| Hederich | K | B/K | B/K |  |
| Heidelbeere | B | K/S | K/S | K/S |
| Hellerkraut | B/K/W | B/K/W | K | S |
| Hirtentäschel | B/K | B/K/S | K/S | KS |
| Hopfen | K | K | B/K | B |
| Hopfenklee | B | B | B | B |

|  | **Mai** | **Jun** | **Jul** | **Aug** |
|---|---|---|---|---|
| Hornklee | K | B | S | S |
| Huflattich | B/K/W | B/K | K | K |
| Hundsrose |  | B | B |  |
| Johannisbeere | B/K |  | S |  |
| Kamille | B/K | B/K | B | B |
| Kapuzinerkresse | B/K | B/K | B/K | B/K |
| Katzenminze | K | K | K |  |
| Kerbel | B/K | K | K/S | K/S |
| Kirsche | B/K | S | S | S |
| Klette | K | K | K | K/S |
| Knoblauchrauke | B/K | B/K | S | S |
| Knöterich | K | K | K | K/S |
| Kornblume | B | B | B |  |
| Kornelkirsche |  |  | S | S |
| Königskerze | K | B/K | B/K | B/W |
| Kresse | B/K | S | S | S |
| Labkraut | B/K | B/K | B/K | B/K/S |
| Liebstöckel |  | K | K | S |
| Linde | B/K | B/S | B/S | S |
| Löffelkraut | K | S |  |  |
| Löwenzahn | B/K/W | B/K | B | B |
| Lungenkraut | K | K |  |  |
| Mädesüß | B | B | B | B/S |
| Margerite | B | B |  |  |
| Märzveilchen | B |  |  |  |
| Mistel |  |  |  |  |

|  | Mai | Jun | Jul | Aug |
|---|---|---|---|---|
| Mönchspfeffer | B/K | B | B/K | B/S |
| Nachtkerze | B/K | B/K | B/S | B/S |
| Natternkopf | K |  | B | B |
| Ochsenzunge | B/K | B/K | B | B |
| Pestwurz | K/W | B/K/W | B/K |  |
| Petersilie | K/W | K/W | K | K |
| Platterbse |  |  | S | S |
| Quecke | W |  | S | S |
| Rauke | K | K |  |  |
| Ringelblume | B/K | B/K | B/K | B/K |
| Rittersporn | B/K | B/K | B |  |
| Rohrkolben | K | K | B/K | B |
| Rosmarin | B/K | B/K | B/K | B/K |
| Rotklee | B/K | B/K | B |  |
| Salbei | K | B/K | B/K | B/K |
| Sauerampfer | B/K | K/S | K/S | K/W/S |
| Schachtelhalm | K | K | K | K |
| Schafgarbe | B/K | B/K | B/K | B/K |
| Scharbockskraut |  | W |  |  |
| Schaumkraut | B/K |  | S |  |
| Schlehe | B/K |  |  |  |
| Schlüsselblume | K | K | K |  |
| Schöllkraut | B/K | B/K | B/K | W |
| Sonnenhut | K/W | K | K |  |
| Springkraut | K | K | B/K | B |
| Steinklee | B/K | B/K | B | B/S |

|  | **Mai** | **Jun** | **Jul** | **Aug** |
|---|---|---|---|---|
| Stiefmütterchen | B/K | B/K | B | B/K |
| Sumpfkresse | B/K | K | S | S |
| Tellerkraut | B/K/W | B/W | B | |
| Vergissmeinnicht | B | B | B | B |
| Vogelmiere | B/K/S | B/K/S | B/K/S | B/K/S |
| Wacholder | K | K | K | K/S |
| Waldmeister | B/K | B/K | | |
| Walnuss | K | K | K | K |
| Wasserlinse | K/W | K/W | K/W | K/W |
| Wasserpfeffer | K | K | B/K | K |
| Wegerich | B/K | B/K | B/K | S |
| Wegwarte | K | B/K | B/K | B/W |
| Weide | K | K | K | K |
| Weidenröschen | K | K | B/K | B |
| Weinrebe | K | B/K | B | |
| Weißdorn | B/K | B/K | K | S |
| Wermut | K | K | B/K | B/K |
| Wiesenklee | B | B | B | B/S |
| Wiesenknopf | B/K | B/K | B | B |
| Wiesenschaumkraut | K | K | K | S |
| Winterkresse | B | B | | S |
| Zaunwinde | | K | K | |
| Ziest | B/K | B/K | B/K | B |

## *September bis Oktober*

| | Sep | Okt | Nov | Dez |
|---|---|---|---|---|
| Ackerschachtelhalm | | W | | |
| Ackerwinde | W | W | | |
| Ackelei | | | | |
| Alant | W | W | W | W |
| Ampfer | | W | W | W |
| Bachbunge | | | | |
| Baldrian | W | W | W | W |
| Bärenklau | W/S | W/S | W | W |
| Bärlauch | W | W | W | W |
| Beifuss | B | | | |
| Beinwell | W | W | | |
| Benediktenkraut | K | | | |
| Bergminze | B/K | | | |
| Bibernelle | B/W/S | W | W | W |
| Bilsenkraut | | | | |
| Birke | | | | |
| Blutwurz | K/W | W | W | |
| Bocksbart | | | | |
| Braunelle | B | | | |
| Brennnessel | S | S | | |
| Brombeere | S | | | |
| Brunnenkresse | B/S | S | | |
| Dost | B/K | | | |
| Distel | W | W | W | W |

[24]

| | Sep | Okt | Nov | Dez |
|---|---|---|---|---|
| Ehrenpreis | B/K | | | |
| Eibisch | W | W | W | |
| Erdbeere | K | | | |
| Engelwurz | B/W/S | W/S | W | W |
| Fenchel | S | S | | |
| Ferkelkraut | B | B | | |
| Fetthenne | K/W | K/W | K/W | W |
| Flockenblume | B/K | B | | |
| Franzosenkraut | KS | S | | |
| Frauenmantel | K | | | |
| Gänseblümchen | S | | | |
| Gänsefingerkraut | W | W | W | W |
| Giersch | S | W | W | W |
| Glockenblume | W | W | | |
| Goldnessel | K/W | K/W | | |
| Gundermann | | | | |
| Günsel | | | | |
| Habichtskraut | B/K | B | | |
| Hainbuche | S | | | |
| Hauhechel | W | W | W | |
| Hederich | | S | | |
| Heidelbeere | S | | | |
| Hellerkraut | S | | | |
| Hirtentäschel | S | | | |
| Hopfen | W | W | W | W |
| Hopfenklee | B/S | S | | |

|  | Sep | Okt | Nov | Dez |
|---|---|---|---|---|
| Hornklee |  |  |  |  |
| Huflattich | K/W | W | W | W |
| Hundsrose | S | S | S |  |
| Johannisbeere |  |  |  |  |
| Kamille |  |  |  |  |
| Kapuzinerkresse | B/K/S | B/K/S |  |  |
| Katzenminze |  |  |  |  |
| Kerbel | W | W | W | W |
| Kirsche | S |  |  |  |
| Klette | W/S | W | W | W |
| Knoblauchrauke | W | W | W | W |
| Knöterich | W/S | W | W | W |
| Kornblume | B | B |  |  |
| Kornelkirsche | S | S |  |  |
| Königskerze |  |  |  |  |
| Kresse |  |  |  |  |
| Labkraut | B/K/S | B/K/S | K |  |
| Liebstöckel | S | W |  |  |
| Linde | S |  |  |  |
| Löffelkraut |  |  |  | W |
| Löwenzahn | B/W | W | W |  |
| Lungenkraut |  |  |  |  |
| Mädesüß |  |  |  |  |
| Margerite | W | W | W |  |
| Märzveilchen | W | W |  |  |
| Mistel |  |  | K | K |

|  | Sep | Okt | Nov | Dez |
|---|---|---|---|---|
| Mönchspfeffer | B/S | S |  |  |
| Nachtkerze | B/K/W/S | W/S | W/S |  |
| Natternkopf |  |  |  |  |
| Ochsenzunge | B | W |  |  |
| Pestwurz | W |  |  |  |
| Petersilie | K/S | K/S | K | K |
| Platterbse |  |  |  |  |
| Quecke | W | W | W | W |
| Rauke | S | S |  |  |
| Ringelblume | K |  |  |  |
| Rittersporn |  |  |  |  |
| Rohrkolben |  | W |  |  |
| Rosmarin |  |  |  |  |
| Rotklee |  |  |  |  |
| Salbei | B/K |  |  |  |
| Sauerampfer | K/W/S | K/S |  |  |
| Schachtelhalm | W/S | W | W | W |
| Schafgarbe | B/K | B |  |  |
| Scharbockskraut |  |  |  |  |
| Schaumkraut |  |  |  |  |
| Schlehe | S | S | S |  |
| Schlüsselblume |  | W |  |  |
| Schöllkraut | W |  |  |  |
| Sonnenhut |  | W |  |  |
| Springkraut | B | S |  |  |
| Steinklee | B/W/S | W | W | W |

|                    | **Sep** | **Okt** | **Nov** | **Dez** |
|--------------------|---------|---------|---------|---------|
| Stiefmütterchen    | B/W     | W       | W       |         |
| Sumpfkresse        |         |         |         |         |
| Tellerkraut        |         |         |         |         |
| Vergissmeinnicht   | B       | B       |         |         |
| Vogelmiere         | B/K/S   | B/K/S   |         |         |
| Wacholder          | K/S     | K/S     | S       |         |
| Waldmeister        |         |         |         |         |
| Walnuss            | S       |         |         |         |
| Wasserlinse        | K/W     | K/W     |         |         |
| Wasserpfeffer      | S       |         |         |         |
| Wegerich           | S       | S       | W       | W       |
| Wegwarte           | B/K/W   | K/W     | KW      | W       |
| Weide              |         |         |         |         |
| Weidenröschen      | K       | K       |         |         |
| Weinrebe           | S       | S       |         |         |
| Weißdorn           | S       | S       | S       |         |
| Wermut             |         |         |         |         |
| Wiesenklee         | B       |         |         |         |
| Wiesenknopf        | W       | W       | W       | W       |
| Wiesenschaumkraut  | S       |         |         |         |
| Winterkresse       | S       | S       |         |         |
| Zaunwinde          | W       | W       |         |         |
| Ziest              | B/W     | W       | W       | W       |

# *Haltbarmachen*

Sammle nicht mehr, als du zu verarbeiten gedenkst. Achte und respektiere die Natur und ihre Gaben!

## Trocknen

Früchte kannst du zu Dörrobst verarbeiten. Kräuter wie Majoran, Oregano, Rosmarin oder Thymian eignen sich hervorragend für diese Konservierungsmethode.
Sammle die Kräuter langstielig. Wasche und binde sie an ihren Stängeln zusammen. Hänge sie anschließend kopfüber auf und trockne sie an einem gut durchlüfteten Ort. Gib sie abschließend in ein verschließbares, lichtundurchlässiges Gefäß deiner Wahl.

**Tipp:**
Willst du das Aroma der Kräuter bewahren, zerkleiner sie erst kurz vor ihrer Verwendung.

## Einfrieren

Diese Methode eignet sich hervorragend für verschiedene Kräutersorten wie Dille, Petersilie, Schnittlauch oder Bärlauch. Wasche sie direkt nach der Ernte, tupfe sie trocken und hacke sie klein.

Gib die klein geschnittenen Kräuter in Eiswürfelformen und fülle sie mit Wasser auf. Lass sie gut durchfrieren. Alternativ kannst du auch auf das Wasser verzichten und direkt in das Tiefkühlfach geben.

**Tipp:**
Probier aus, wie du es am liebsten hast!

## Pesto

Nimm die von dir gewählten Kräuter, wasche und tupfe sie trocken. Zupfe als Nächstes die Blätter ab. Röste Pinienkerne in einer Pfanne, zerhacke Knoblauch nach Wunsch und verfeinere alles mit einer Prise Salz. Mixe mit einem Pürierstab sämtliche Zutaten, bis eine cremige Paste entsteht. Fülle diese in kleinere, ausgekochte Gläser mit Schraubverschluss. Gib anschließend eine weitere Schicht Öl auf das Pesto, damit versiegelst du es.

Mixe als nächstes mit einem Pürierstab mixen oder nutze einen Mörser. Füge ausreichend Öl hinzu und mische alles zu einer cremigen Paste. Die daraus entstandene Masse teilst du in kleinere Gläser auf.

**Tipp:**
Wähle hochwertige Ölsorten. Gute Qualität sticht positiv hervor.

## Kräutersalz

Dazu benötigst du frische Kräuter nach Wahl. Wasche sie, tupfe sie trocken und hacke sie fein. Gib sie, zusammen mit dem Salz, in verschließbare Gläser. Schüttle diese Mischung gut durch und bewahre sie gekühlt auf.

**Tipp:**
Achte auf ein gutes Mischverhältnis. Bewährt hat sich die

Mixtur ein Teil Salz auf sieben Teile Kräuter. Experimentiere und teste aus, ob dir ein anderes Mischverhältnis mehr zusagt.

### **Einlegen**

Kräuteressig und -öl schmecken hervorragend und geben jeder Speise eine eigene Note.
Nimm dazu getrocknete Kräuter deiner Wahl, gib sie in ein verschließbares Glasgefäß und fülle ausreichend Essig oder Öl nach Wahl hinzu. Bedecke sie gänzlich, um möglicher Schimmelbildung vorzubeugen!

**Tipp:**
Je nach Wahl von verändert sich das Endergebnis. Gute Basisöle und -essige sind zu bevorzugen, Qualität sticht positiv hervor.

### **einfache Regeln**

- Dörrgerät, Backofen und klassisches Trocknen
  Beide Geräte benötigen Energie. Verwende den Backofen mit maximal 40 Grad. Lass dabei die Tür fingerbreit offen, damit die Feuchtigkeit entweichen kann. Hänge alternativ die Kräuter gebündelt in schattigen Räumen mit guter Luftzirkulation kopfüber auf.
- Blüten und Blätter
  Lege dein Sammelgut auf eine saubere Unterlage mit ausreichen Platz zwischen den einzelnen Blüten und Blättern. Besonders optimal eignet sich Küchenrolle

auf einem Fliegengitter. Trockne sie mit der von dir bevorzugten Methode.

- nebeneinander statt übereinander
Dies trifft vor allem kleine Sammelgüter wie Veilchenblüten. Trockne sie nebeneinanderliegend.

- Wurzelwerk
Du kannst Wurzelgemüse wie Karotten in einer Sandkiste im kühlen Keller lagern, oder sie säubern, gründlich abbürsten und anschließend in dünne Scheiben schneiden. Trockne diese Scheiben mit der von dir bevorzugten Methode.

## *Kochen ohne Kochtopf*

Wie bereitest du dir dein Essen zu? Nimmst du die Mikrowelle oder den klassischen Herd? Nutzt du einen Grill oder eine gänzlich andere Methode?

Anfänglich ist es gewöhnungsbedürftig auf die klassischen Methoden zu verzichten und seine Nahrung "urtümlicher" zuzubereiten.

Besitzt du einen eigenen Garten oder hältst du dich in freier Natur auf, stehen dir verschiedene Alternativen offen, bei der du meist Hitze in Form von Feuer benötigst.

**Wichtig!**
Achte darauf, wie trocken es ist und ob du dich in einem Gebiet aufhältst, wo Feuer machen verboten ist. Suchst du nach heftigen Regengüssen passendes Brennholz, blick nach oben. Auf Bäumen lassen sich fallweise abgestorbene, trockene Ästen finden, an denen das Regenwasser einfach abfließt. Üblicherweise kannst du leicht auf trockenes Moos oder abgeschabte, trockene Holzspäne zurückgreifen.

### Zubereitungsmethoden

Nicht alles ist roh verträglich, einiges davon giftig! Anderes kannst du mit Kochen von gefährlichen Parasiten befreien. Mit Kochen schützt du dich selber vor unangenehmen Begleiterscheinungen!

- **Lagerfeuer**
  Bei diesem offenen Feuer hast du frisch zubereitetes

Essen und nutzbare Glut, Lagerfeuerromantik inklusive.

Zubereitbar ist Nahrung am Lagerfeuer auf dreifache Weise - mittels Flamme, Glut oder Asche. Hast du die Möglichkeit, errichte das Lagerfeuer auf Sand. Er isoliert das Feuer nach unten.

- <u>Dutch Oven</u>

  Ursprünglich wurde dieses dreibeinige Gefäß in Amerika und Australien zum Kochen, Braten sowie Backen über offenem Feuer genutzt. Längst hat der "Dutch Oven" seinen festen Platz bei Outdoor-Freunden erobert. Sein Vorteil ist die einfache und wirksame Zubereitungsmethode.

- <u>Koreaofen</u>

  Dafür brauchst du ein gut gereinigtes, chemikalienfreies Metallfass mit Deckel. Grab eine ausreichend große Grube und gib das Fass waagrecht hinein. Darunter sollten noch annähernd 20 cm Platz für Feuer sein.

  Hinter dem Fass benötigst du einen passenden Rauchabzug von 10 cm. Besteht die Option, bau ein Metallrohr mit ein.

  Sind deine Grabungsarbeiten erledigt, kannst du das Fass einpassen. Befestige es mit ausreichend Steinen und Erde. Letztere dient der Isolation. Gib in den Innenraum des Fasses eine Schicht Kies. Ausreichende Belüftung erfolgt durch den Rauchabzug.

- <u>Garloch</u>

  Noch heute nutzen Naturvölker diese Methode. Heb

dazu eine ausreichend große Grube aus, um Gargut, Heizmaterial (glühende Asche oder heiße Steine) und Bedeckung darin aufzunehmen.

Gib das Heizmaterial (glühende Asche oder heiße Steine) in die Grube. Leg das Gargut drauf und bedecke es mit weiterem Heizmaterial. Decke abschließend alles mit einer ausreichenden Menge Erde ab.

Plane Zeit ein! Hier benötigst du annähernd das 5fache an Zeit eines durchschnittlichen Backofens!

## *Giftiges! Gefährliches!*

Befasst du dich erstmalig mit der Wildkräuter- und pflanzenküche, stellst du rasch fest, wie viel Genießbares sich darunter findet. Besonders auf sogenannte Unkräuter trifft dies zu. Ihre Fülle und Vielfalt ist enorm.
Statte dich mit informativen Pflanzenbüchern aus, besuche Kurse bei erfahrenen Kräuter- und Pflanzenkennern.

Gehst du in die Natur hinaus, sammelst dort dein Essen, beachte die Gefahren, die sich daraus ergeben können. Hole Informationen ein! Schütze dich durch Wissen!

### Tollwut

Übertragen durch den Biss befallener Tiere, führt sie ohne Behandlung binnen weniger Monate zum Tod. Lediglich in Japan, Großbritannien, Irland, Australien und Neuseeland, nebst einiger Inseln, ist Tollwut nahezu unbekannt. Wurdest du gebissen worden, wasch die Wunde umgehend mit Seife aus und begib dich in ärztliche Behandlung!
Füchsen, Rehe, Marder, Dachse, Fledermäuse und bisweilen freilaufende Haustiere können Überträger von Tollwut sein.

Anzeichen für möglichen Befall:

- stark überfließender Speichel
- Schaum vor dem Mund
- leicht gelähmte Erscheinung
- zutrauliches Verhalten ansonsten scheuer Wildtiere

Zieh dich bei derartigen Anzeichen zurück und informiere den nächstgelegenen Tierarzt. Tollwut ist in vielen Ländern meldepflichtig!

Übrigens:
In früheren Zeiten wurden viele Tollwutfälle als "reale Werwolfsvorkommnisse" missverstanden.

### Fuchsbandwurm

Dank Millimetergröße kann er dem Menschen gefährlich werden und ist bis heute nahezu unheilbar!
Als Larve befällt er Mäuse und Kleinnager, nistet sich in deren Leber ein. Füchse nehmen ihn durch Verzehr dieser Nager auf. Im Fuchs entwickelt er sich zu einem ausgewachsenen Bandwurm, wo er sich vermehrt. Daraus entstehende, ausgeschiedene Eier, bleiben an Pflanzen hängen, bereit für den nächsten Kreislauf.

Gefahrenquellen:

- Sammeln an Kotstellen
- Früchte, die unter einer Höhe von 50 cm wachsen
- Sammelgut ungewaschen und roh essen
- kochen bei weniger als 60 Grad und unter 5 Minuten

Trotz angeratener Vorsicht stellt der Fuchsbandwurm längst keine besondere Gefahr mehr dar. Der menschliche Körper ist für ihn ein schlechter Wirt. Kochst du dein Sammelgut ausreichend lang bei entsprechender Hitze, tötest du gleichzeitig seine Eier ab und eliminierst damit diese Gefahr.

## Mutterkorn

Dieser Pilz ist hochgiftig. Darin enthaltene Alkaloide können Kribbeln, Taubheit, Darmstörungen und Halluzinationen auslösen. Manchmal sterben Finger oder Extremitäten ab. Häufig folgt auf den Verzehr der Tod.
Mutterkorn wird leicht größer als die übrigen Körner des gleichen Halmes, befällt vorrangig unbehandelte, ungespritzte Getreidesorten.

Übrigens:
Viele der einstigen "Hexenvorkommnisse" sind auf Mutterkornvergiftungen zurückzuführen.

## Zecken

In Bodennähe lebend, krabbeln sie gern auf weiche Hautstellen wie Kniekehlen oder Achselhöhlen. Dort setzen sie sich tagelang fest, saugen Blut, bis sie genug haben und fallen vom Opfer ab.

Zecken solltest du vorsichtig abziehen. Zerquetschst du sie, kann ihr ganzer Darm mit den Krankheitserregern in die Blutbahn gelangen. Darunter fallen FSME, Borreliose, Babesiose, Fleckfieber und Krim-Kongo-Fieber.

Anzeichen für mögliche gesundheitliche Probleme:

- Rötung um die Biss-Stelle
- Wanderröte - sich verändernder Fleck
- Gliederschmerzen

Zecken findest du ab dem frühen März in Wäldern oder deren Nähe, in Wiesen, Parks oder dem eigenen Garten. Besonders aktiv sind sie zwischen März und Oktober.

## Pilze

Pilzvergiftungen können übel enden. Viele von ihnen verfügen über giftige Doppelgänger. Sammle anfänglich dir bekannte Sorten! Gut bebilderte und informative Pilzbücher sowie Pilzkenner helfen dir, dich in die umfangreiche Materie der Pilzkunde einzufinden.

Sammle und transportiere Pilze keinesfalls in Plastikbehältern! Zersetzt sich Pilzeiweiß, treten verschiedene Giftstoffe auf. Plastik beschleunigt diesen Vorgang! Pilze verderben schnell und benötigen daher ausreichend Luft beim Transport!

### Bestimmungsmerkmale

- Fruchtkörper oder -hut
  Röhrlinge sind harmloser als Lamellenpilze, die Verwechslungsgefahr geringer. Heb dazu den Hut hoch und sieh dir seine Unterseite an.
- Stiel
  Dicke, Farbe, Form und Knolle
- Geruch
  Finger weg von säuerlichen oder übel riechenden Pilzen!
- Standort
  Pilzführer erklären, wo ein bestimmter Pilz

üblicherweise wächst. Findest du ihn an einem atypischen Ort, sei sehr vorsichtig!

Achte darauf, alle vier Merkmale zu sehen! Bestimme den Pilz, BEVOR du ihn sammelst. Merkst du nach dem Pflücken, er ist giftig, leg den Hut mit den Sporen nach unten an die Sammelstelle zurück. Dadurch kann er sich trotzdem noch weiter verbreiten!

### Vorsicht giftig! Anzeichen giftiger Pflanzen

- weißer, milchiger Saft
  Ausnahme - Löwenzahn
- weiße Beeren
  rote sind manchmal essbar, schwarze fast immer

### Vorsicht giftig! Anzeichen giftiger Tiere

- besonders intensiv riechende Käfer
- optisch auffällige Kleintiere und Insekten

Einige Gifte bringen dich nicht um, aber sie können dir mit Übelkeit, Schwellungen, Juckreiz und anderen unangenehmen Symptomen gründlich den Tag versauen.

Hast du dich vergiftet, erbrich das Gegessene und suche medizinische Hilfe auf! Nimm das Erbrochene und den Verursacher zur rascheren Bestimmung mit! Dabei spielt es keine Rolle, ob es sich um einen Pilz, Beeren oder versehentlich geschluckte Insekten handelt.

## ***Heilsames!***

Ein Hauptwunsch vieler ist gute Gesundheit! Gleichzeitig landen Unmengen an Fertiggerichten auf den Tellern, Zivilisationskrankheiten inklusive! Unsere moderne Ernährungsweise schwächt den Organismus. Dem Körper fehlen natürliche Stoffe, die als Präparate um teures Geld gekauft werden.

Bis zu einem gewissen Grad ist hier nichts einzuwenden. Es macht jedoch wenig Sinn ausschließlich diese zu sich zu nehmen. Vitamine, Spurenelement und Mineralien finden sich ebenso in verschiedenen Pflanzen! Längst wissen viele nicht mehr, wie sie mit und aus der Natur Heilung finden. Obwohl der modernen Medizin viel zu verdanken ist, schadet es nicht, den Blick zurückzuwerfen.

Die moderne Medizin greift auf Auszüge verschiedenster Heilpflanzen zu. In Mitteleuropa kommst du leicht an Kamille, Gänseblümchen oder Weidenrinde, während beispielsweise Rosenwurz, Damiana oder Taigawurzel in anderen Gebieten wachsen.
Willst du die Schätze der Natur nutzen, befass dich mit ihnen! Verzichte darauf, mitten in der Stadt oder an stark befahrenen Straßen zu sammeln. Abgase und andere Schadstoffe schaden dir mehr als sie dir nutzen!

Mach dich durch Fachbücher mit den Wirkungsweisen vertraut. Frag Apotheker, Ärzte oder Kräuterkundige!
Hast du Glück, findet sich in deinem Umfeld jemand, der das Wissen noch als Kind von den eigenen Eltern erlernen durfte!

# *Pflanzliche Nahrung*

Nach dem Sammeln geht es an deren Zubereitung. Diese Rezepte sind in drei Kategorien eingeteilt.

### der Purist - für Survivalfans

Hier verkochst du ausschließlich deine Sammelgüter. Puristen versorgen sich mit den Geschenken der Natur ohne Zusätze. Hier findet die direkteste Rückbesinnung auf die einfachsten Dinge statt. Bewegst du dich im Bereich Bushcraft / Survival, wirst du hier fündig.

### Waldläufer und Trapper

Diese waren vor allem im 19. Jahrhundert in Nordamerika unterwegs. Die meiste Zeit solo unterwegs trieben sie Handel mit den Fellen erbeuteter Tiere. Im Gegensatz zum Puristen führten sie auf ihren Reisen einfache, haltbare Materialien mit sich. Darunter fielen unter anderem Mehl, Gewürze, Dörrfleisch und Kaffee.

Gerichte dieser Gruppe sind derart gestaltet, dass du die Zutaten der Natur entnehmen kannst, aber Kleinigkeiten wie Salz oder Suppenwürze hinzufügen darfst.

### Outdoorfan und Gartennutzer

Sammelst du im eigenen Garten oder in der Natur, kannst du in deiner Küche leckere Speisen bereiten. Hier kannst du nach Herzenslust weitere Zutaten einbinden. Die einzige Grenze ziehst du als Koch selbst!

# *Gebäck*

| | |
|---|---|
| Matzen - ungesäuertes Brot | **Waldläufer und Trapper** |
| Hardtack | **Waldläufer und Trapper** |
| Topfbrot | **Waldläufer und Trapper** |
| Trapperbrot | **Waldläufer und Trapper** |
| Navajo Fried Bread | **Waldläufer und Trapper** |
| Bannock | **Waldläufer und Trapper** |
| Australian Damper | **Waldläufer und Trapper** |
| Stockbrot | **Outdoorfan und Gartennutzer** |
| Fladenteig | **Outdoorfan und Gartennutzer** |
| Grießfladen | **Outdoorfan und Gartennutzer** |

## Matzen - ungesäuertes Brot

***Zutaten*:**

220 g Mehl

125 ml Wasser

oder

200 g Mehl

50-80 ml Wasser

***Zubereitung:***

Füll Mehl und Wasser in eine große Schüssel. Vermenge die Zutaten und knete sie mit den Händen zu einem glatten Teig. Portioniere die Masse in annähernd gleich große Teile. Plätte sie wie einen Pizzateig. Je dünner der Fladen, umso schneller wird er durch.

Stich den Teig mehrmals mit einer Gabel ein. Leg die Fladen auf ein Stück (Back)Blech mit Backpapier und gib sie bei kleiner Hitze in den Ofen. Nimm sie heraus, sobald sie knusprig und leicht bräunlich sind.

### *Anmerkung und Empfehlung:*
Bevorzugst du Vollkornmehl, benötigst du mehr Wasser.
Dieses Gericht entstammt der jüdischen Küche.

## Hardtack

### *Zutaten:*
5 große Tassen Mehl
1 große Tasse Wasser
1 gut gehäufter EL Salz

### *Zubereitung:*
Vermenge sämtliche Zutaten zu einem guten, homogenen Teig. Bemehle ein Holzbrett, gib den Teig drauf und rolle ihn auf eine Dicke von 1,5 cm aus.
Schneide Rechtecke oder Quadrate aus. Stich mit einer dicken Nadel oder einem Zahnstocher Löcher hinein.
Leg diese Kekse auf ein bemehltes (Back)Blech mit Backpapier und schieb es in den Ofen. Back sie 30 Minuten lang bei 210 Grad. Wende sie nach 15 Minuten und backe sie fertig.
Lass sie anschließend mehrere Tage ruhen. Erst in staubtrockenem Zustand sind sie fertig!

### *Anmerkung und Empfehlung:*
Hardtacks waren lange Zeit für Seefahrer normale Nahrung. In Größenordnungen von 8×7,3×1,2cm oder 3,125×2,875×0,5 Inch fabriziert, entsprechen sie ebenso der soldatischen Wegzehrung des Amerikanischen Bürgerkrieges.

Dementsprechend kann dieses Rezept für authentische Reenactment-Veranstaltungen herangezogen werden.

## **Topfbrot**

### *Zutaten:*
    500 g Mehl
    1 Handvoll Körner/Samenmischung
    1 TL Salz
    1 Packung Trockenhefe
    lauwarmes Wasser nach Bedarf

### *Zubereitung:*
Vermenge sämtliche Zutaten zu einem guten, homogenen Teig. Bestäube ihn mit Mehl und gib ihn in einen Topf. Er sollte zumindest 1,2 L fassen können. Achte darauf, die Innenseite des Topfes ebenfalls zu bemehlen. Sparst du an Mehl, lässt sich das Brot später schwerer vom Topf lösen.

Nimm einen größeren Topf und fülle dessen Boden mit kleineren Kieseln. Stelle auf die Kieselschicht den Teigtopf. Decke alles mit einem passenden Deckel zu und stelle ihn in Feuernähe. Die nächsten 30 Minuten braucht der Teig Zeit zum Gehen. Im Topf sollte es warm, aber nicht zu heiß werden. Stell den Topf samt Inhalt auf die heiße, verbliebene Ascheschicht eines vorherigen Lagerfeuers. Kannst du die Hand annähernd 30 cm über die Glut halten, ist die Temperatur richtig.

Gib dem Brot weitere 60 Minuten. Öffne den Deckel einen winzigen Spalt, wodurch der Wasserdampf entweichen kann.

***Anmerkung und Empfehlung:***
Optimal eignen sich für dieses Rezept Edelstahltöpfe. Verwendest du andere Töpfe, rechne damit, dass sich die Töpfe verfärben und das Metall sich verändern kann.

## Trapperbrot

***Zutaten:***
    1 EL Trockenhefe
    1 EL Zucker
    1 Tasse lauwarmes Wasser
    1 Tasse Weizenmehl
    1 TL Salz
    Öl nach Bedarf

***Zubereitung:***
Löse Zucker und Hefe im lauwarmem Wasser auf. Mische Mehl und Salz darunter. Knete daraus den Teig, bis er nicht mehr an der Hand klebt. Lass ihn 10 Minuten ruhen. Findest du ihn zu klebrig oder zu trocken, füge Mehl oder Wasser hinzu, bis er die von dir gewünschte Konsistenz aufweist.

Gib den Teig in einen Topf in Feuernähe. Lass ihn erneut 10 Minuten ruhen. Knete ihn abschließend noch ein letztes Mal, bevor du ihn für weitere 5 Minuten ruhen lässt.

Erhitze zwischenzeitlich in einer Pfanne Öl. Forme den Teig aus und backe ihn im Fett heraus, bis die Unterseite knusprig wird. Wende den Teigfladen und backe die andere Seite ebenfalls aus. Weisen beide Seiten einen annähernd gleichen, goldbraunen Farbton auf, ist es Zeit ihn aus der Pfanne zu holen.

***Anmerkung und Empfehlung:***
Mische den Teig mit Körnern, Speck, Rosinen anderen guten Dingen für unterschiedlich leckere Geschmacksnuancen.

## Navajo Fried Bread

*Zutaten:*
   175 g Mehl
   115 ml Wasser
   1/2 TL Salz
   1 TL Öl
   Öl nach Bedarf

*Zubereitung:*
Vermenge Mehl, Salz, Wasser und Öl zu einem homogenen Teig. Lass ihn 10 Minuten lang ruhen.
Teile ihn in 16 kleinere oder 8 größere gleichmäßige Stücke auf. Rolle die jeweiligen Teigstücke dünn aus und frittiere sie in gut erhitztem Öl. Drücke sie mit einem Kochlöffel oder einem Holzstöckchen unter die Oberfläche.

Hebe die Fladen aus dem Öl, sobald sich Blasen an der Öloberfläche bilden und lass sie abtropfen.

***Anmerkung und Empfehlung:***
Dieses Gebäck eignet sich hervorragend als Beilage zu Dips. Achtest du auf eine schlanke Linie, lässt du besser die Finger davon.
Dieses Gericht stammt von amerikanischen Ureinwohnern.

## Bannock

*Zutaten:*
- 500 g Mehl
- 2 TL Backpulver
- 1/2 TL Salz
- 250 ml Wasser
- 1/2 TL Öl

*Zubereitung:*
Vermische Mehl, Backpulver und Salz, gib das Wasser hinzu und knete den daraus entstehenden Teig, bis er fest genug ist und nicht mehr an deinen Händen klebt.

Teile ihn in 4 gleich große Stücke und forme aus jedem einen Fladen mit einer Dicke von bis zu 4 mm. Backe diese Fladen in einer beölten Pfanne bei mittlerer Hitze heraus. Sobald sie einen goldgelben Farbton erreichen, sind sie fertig.

*Anmerkung und Empfehlung:*
Dank einfacher Zubereitung und guter Kalorienzufuhr war Bannock bei Trappern und Holzfällern ausgesprochen beliebt. Bis heute ist es ein gern gegessenes Outdoor-Gebäck.
Schmeckt dir Süßes besser, dann mische vor dem Ausbacken Zucker und Rosinen in den Teig ein.

## Australian Damper, süßes Buschbrot

### *Zutaten:*
125 g Weizenmehl
100 ml lauwarmes Wasser
2 EL Magermilchpulver
Trockenhefe, Salz und Zucker nach Bedarf
Rosinen nach Geschmack

### *Zubereitung:*
Gib sämtliche Zutaten in einen Topf. Knete sie zu einem guten, homogenen Teig, bis er nicht mehr klebt. Stell ihn anschließend für 15 Minuten in die Nähe einer warmen Feuerstelle. In dieser Zeit sollte er aufgehen und fluffiger werden.

Teile den Teig in mehrere, gleich große Stücke. Forme daraus dünne, flache Fladen von 2 mm Dicke. Drücke sie in Zucker, dadurch erreichst du beim Ausbacken eine knackige Kruste. Wickle die Fladen in Alufolie. Leg sie auf die warme Glut und bedecke sie damit. Nach knapp 40 Minuten sind die Fladen verzehrfertig.

### *Anmerkung und Empfehlung:*
Besonders fluffig wird der Teig, wenn du die Hefe mit 1 TL Essig mischst, bevor du sie unter die anderen Zutaten mischst. Wasser mit Kohlensäure eignet sich ebenfalls.

Im Damper vermischen sich die Tradition des Aborigines Brotbackens mit europäischen Traditionen und zählt zum "Bush Food". In Australien wird das sogenannte "cocky's joy" gern mit gekochtem oder getrocknetem Fleisch sowie mit Zuckersirup zubereitet.

## Stockbrot

***Zutaten:***
    400 g Mehl
    0,5 TL Salz
    2 TL Backpulver
    50 g Margarine
    125 ML Milch
    geschälte Holzstöcke nach Personenanzahl und Bedarf

***Zubereitung:***
Mische Mehl, Salz und Backpulver gut durch. Rühre vorsichtig die Milch unter, bröckle die Margarine in die Masse und knete alles gut durch, bis ein geschmeidiger Teig entsteht.

Forme aus dem fertigen Teig Stücke von 15 cm Länge. Winde jedes davon schlangengleich um die Holzstücke. Halte diese Stockbrote über offenes Feuer wie Marshmallows oder stecke sie neben dem Feuer in den Boden.

Drehe sie regelmäßig um sie gänzlich durchzubacken.

***Anmerkung und Empfehlung:***
Besonders gut schmeckt es direkt vom Holz gepflückt. Stockbrot eignet sich hervorragend für Kinderfeste mit Lagerfeuer im Garten.

# Fladenteig

*Zutaten:*
  400 g Mehl
  1/2 Würfel frische Hefe
  200 ml lauwarmes Wasser
  1 TL Salz
  4 EL Olivenöl
  eine Prise Zucker

*Zubereitung:*
Gib das Mehl auf ein größeres Holzbrett oder die Tischmitte. Forme in der Mitte des Mehlhaufens eine kleinere Mulde. Gib Hefe, Zucker, Salz, Wasser und das Olivenöl in diese Vertiefung. Vermenge alles gut miteinander. Misch langsam das Wasser darunter. Knete den Teig, bis er nicht mehr an den Händen klebt.

Gib ihn in eine Schüssel und decke ihn mit einem Tuch zu. Stelle ihn an eine warme Stelle und lass ihn 30 Minuten lang gehen. Hat sich der Teig im Volumen nahezu verdoppelt, kannst du ihn weiterverarbeiten. Am besten bietet er sich als Pizzaboden an.

*Anmerkung und Empfehlung:*
Alternativ kannst du Hefe und Zucker im Wasser auflösen, bevor du sie in den Teig einmischst.
Die besten Ergebnisse mit der empfindlichen Hefe bekommst du in warmen, geschlossenen Räumen.

# Grießfladen

***Zutaten:***

    8 EL Grieß
    1 EL Zucker
    1 EL Öl
    Salz, Öl und Wasser nach Bedarf

***Zubereitung:***
Vermische Grieß, Zucker, Salz und Öl gut miteinander. Knete die daraus entstehende Masse, bis sich Flocken bilden.
Träufle vorsichtig kleinere Mengen Wasser darunter. Achte darauf, dass sich die Flocken zu einem geschmeidigen Teig vermengen lassen.
Teile den Teig in gleichmäßig große Stücke und forme sie zu kleineren Fladen. Back sie in einer leicht befetteten Pfanne aus, bis sich ihr Farbton in goldbraun verändert.

***Anmerkung und Empfehlung:***
Dieses Gericht stammt aus Marokko und nennt sich Harcha.

## Tipps und Tricks für Gebäck

- **Verfeinerungen**
  Mische Kräuter, Zwiebel, Samen oder anderes in den Grundteig, bevor du ihn bäckst oder brätst
- **Test Klebrigkeit**
  Tunke einen Kochlöffel oder Holzstück in den Teig. Bleibt nichts daran haften, dann ist er fertig.
- **Hefeersatz**
  Hefe lässt sich durch Pottasche (Kaliumkarbonat) ersetzen. Dabei handelt es sich um die Holzreste eines Feuers, die nicht weiter verbrennen. Wichtig daran ist, es muss sich um die weiße Schicht handeln! Pottasche lässt selbst schwere Teige aufgehen, aber mehr in die Breite als die Höhe.
- **passende Getränke**
  schwarzer Kaffee vom Feuer

## *Suppen*

| | |
|---|---|
| einfache Kräutersuppe | **der Purist - für Survivalfans** |
| Brennnesselsuppe - 1 | **Waldläufer und Trapper** |
| Brennnesselsuppe - 2 | **Waldläufer und Trapper** |
| Vogelmierensuppe | **Waldläufer und Trapper** |
| Wildkräutersuppe mit Sauerampfer | **Waldläufer und Trapper** |
| Waldläufer-Pilzsuppe | **Waldläufer und Trapper** |
| Sauerampfersuppe | **Waldläufer und Trapper** |
| Süße Eichelsuppe | **Waldläufer und Trapper** |
| Kraftsuppe | **Waldläufer und Trapper** |
| Grüne Frühlingssuppe | **Waldläufer und Trapper** |
| Haselnusssupee | **Outdoorfan und Gartennutzer** |
| Brennnesselsuppe - 3 | **Outdoorfan und Gartennutzer** |
| Brennnesselcremesuppe | **Outdoorfan und Gartennutzer** |
| Breitwegerichsuppe | **Outdoorfan und Gartennutzer** |
| Waldsuppe | **Outdoorfan und Gartennutzer** |
| Gänseblümchensuppe | **Outdoorfan und Gartennutzer** |
| Eintropfsuppe mit Sauerampfer | **Outdoorfan und Gartennutzer** |
| Bärlauchsuppe | **Outdoorfan und Gartennutzer** |
| Gierschsuppe | **Outdoorfan und Gartennutzer** |
| Wegwartensuppe | **Outdoorfan und Gartennutzer** |
| Grünlingssuppe | **Outdoorfan und Gartennutzer** |
| Frühlingskräutersuppe | **Outdoorfan und Gartennutzer** |
| Ostersuppe | **Outdoorfan und Gartennutzer** |

## einfache Kräutersuppe

### *Zutaten:*
1 Schüssel mit Trieben, Knospen und jungen Blätter
1 halbe Schüssel Wasser
falls vorhanden - Liebstöckel

### *Zubereitung:*
Wasch und hacke Triebe, Knospen und Blätter fein. Gib sie mit dem Wasser in einen Topf und bring den Inhalt für 20 Minuten zum Kochen.

### *Anmerkung und Empfehlung:*
Ein anderer Name für Liebstöckel ist Maggikraut. Es eignet sich hervorragend als Suppenwürze.

## Brennnesselsuppe - Variante 1

### *Zutaten:*
500 g frische Brennnesselblätter
1 große Zwiebel
500 ml Wasser
Suppenpulver, Salz, Öl und Bärlauchblätter nach Bedarf

### *Zubereitung:*
Schäle und schneide die Zwiebel in kleine Würfel. Brate diese in Öl goldgelb. Sind Bärlauchblätter vorhanden, wasche diese, schneide sie klein und brate sie gemeinsam mit den Zwiebel leicht an. Gib das Wasser nach einigen Sekunden in den Topf und lass es aufkochen.

Wasche und schneide zwischenzeitlich die Brennnesselblätter nach Wunsch. Gib sie in das kochende Wasser. Nimm nach 5 Minuten Kochzeit den Topf vom Herd und schmecke mit Suppenpulver und Salz ab.

***Anmerkung und Empfehlung:***
Trockenes, klein geschnittenes Brot bietet sich hervorragend als Suppeneinlage an.

## Brennnesselsuppe - Variante 2

***Zutaten:***
   2 Handvoll frische junge Brennnesselblätter
   1 Tasse Haferflocken
   Wasser, Suppenwürze und Öl nach Bedarf

***Zubereitung:***
Röste die Haferflocken in Öl an, das ergibt eine ausgezeichnete geschmackliche Grundlage. Bedecke die Haferflocken mit Wasser und koche sie kurz auf.

Wasche und schneide zwischenzeitlich die Brennnesselblätter. Gib sie in das kochende Wasser. Schmecke mit Suppenwürze ab und lass die Suppe noch 5 Minuten auf kleiner Flamme weiterköcheln.

***Anmerkung und Empfehlung:***
Hier kannst du mit weiteren Kräutern der Saison die Suppe verfeinern.

## Vogelmierensuppe

***Zutaten:***
    3 Handvoll Vogelmiere
    1/2 Zwiebel
    300 ml Gemüsebrühe
    Salz, Pfeffer und Dille nach Wunsch

***Zubereitung:***
Wasche die Vogelmiere und entferne die braunen Blättchen. Schneide sie fein. Schäle und schneide die Zwiebel würfelig. Bring die Brühe mit Vogelmiere und Zwiebelwürfel zum Kochen. Lass die Suppe 15 Minuten auf kleiner Flamme köcheln.

Schmecke mit Salz und Dille ab und lass sie weitere 2 Minuten köcheln, bevor du sie servierst.

***Anmerkung und Empfehlung:***
Vogelmiere findest du in vielen Gärten. Ihre kleinen Blätter erinnern geschmacklich an jungen Mais. Sie gehört zu den ersten Wildkräutern des Jahres und steckt voller Vitalstoffe.

## Wildkräutersuppe mit Sauerampfer

***Zutaten:***
    1 Schüssel gemischt mit Sauerampfer, Löwenzahn, Schafgarbe, Bocksbart, Feldquendel und Gundermann
    1 Zwiebel
    250 ml Wasser
    Mehl nach Bedarf

*Zubereitung:*
Sammle die Kräuter nach Vorhandensein. Optimal bietet sich eine mittelgroße Schüssel an. Wasche und hacke dein Sammelgut grob. Schäle und schneide die Zwiebel würfelig, vermenge Kräuter und Zwiebel mit dem Mehl und dünste diese Mischung mit etwas Wasser leicht an. Gieße mit dem restlichen Wasser auf und koche alles für 15 Minuten gut durch.

*Anmerkung und Empfehlung:*
Diese Suppe harmoniert hervorragend mit Fleischbrühe aus Rinderknochen.

## Waldläufer-Pilzsuppe

*Zutaten:*
- 125 g Pilze
- 1 Zwiebel mit ausreichend Grünzeug
- 325 ml Brühe
- Salz und Kräuter nach Wunsch

*Zubereitung:*
Putze und hacke die Pilze grob. Schäle und schneide die Zwiebel würfelig. Bring sie in der Brühe zum Kochen und lass sie bei schwacher Hitze 40 Minuten lang köcheln.
Verdunstet dir zu viel Flüssigkeit, gib ausreichend Wasser oder Brühe nach.
Schmecke anschließend mit Salz und Kräutern ab.

*Anmerkung und Empfehlung:*
Brate Pilze und Zwiebelwürfel leicht in Fett an. Das gibt der Suppe mehr Aroma und Geschmack.

## Sauerampfersuppe

### *Zutaten:*
　　1 Schüssel junge Sauerampferblätter
　　3 EL Mehl
　　1 L Wasser
　　Salz und Muskatnuss nach Bedarf

### *Zubereitung:*
Gib Mehl und Butter in einen Topf. Schwitze beides leicht an. Streue die Sauerampferblätter darüber und lass sie für 30 Sekunden mitschwitzen. Gieß mit Wasser auf und leg einen Deckel auf den Topf. Die Suppe sollte 10 Minuten auf kleiner Flamme vor sich hin köcheln. Schmecke anschließend mit Salz und Muskat ab.

### *Anmerkung und Empfehlung:*
Mit zusätzlichem Sauerrahm kannst du diese Suppe wunderbar verfeinern.

## Süße Eichelsuppe

### *Zutaten:*
　　1,5 L Wasser
　　5 EL Eichelmehl
　　5 EL Mehl
　　Zucker und Salz nach Wunsch

### *Zubereitung:*
Bring das Wasser zum Kochen und rühr das Eichelmehl ein. Lass es dort aufquellen. Rühre das Mehl mit einer geringen Menge an Wasser an. Gib diese Mischung in das

Eichelmehlwasser. Lass alles 10 Minuten kochen. Regelmäßiges Umrühren verhindert ein Anbrennen der Suppe.

Würze mit einer Prise Zucker und schmecke mit Salz ab.

***Anmerkung und Empfehlung:***
Mandelaroma verleiht der Suppe zusätzlichen zart nussigen Geschmack.

## Kraftsuppe

***Zutaten:***
- 1 Handvoll Kerbel
- 2 Handvoll Sauerampferblätter
- 1 Schüssel Salatblätter
- 1 Bund Petersilie
- 750 ml Brühe
- Fett nach Bedarf

***Zubereitung:***
Wasche und schneide sämtliche Kräuter klein. Dünste sie in wenig Fett an. Gieß mit Brühe auf und köchel die Suppe für 30 Minuten.

***Anmerkung und Empfehlung:***
Variiere die Kräuter. Mit Suppengrün und einem kleinen Löffel geriebenen Kren lässt sich diese Suppe hervorragend aufpeppen.

## Grüne Frühlingssuppe

### *Zutaten:*
 3 Handvoll Kräuter nach Wunsch und Vorhandensein
 3 große Kartoffel
 1 Zwiebel
 0,5 Stangen Lauch
 1,5 L Brühe
 Salz, Pfeffer und Muskat nach Bedarf

### *Zubereitung:*
Bring die Brühe zum Kochen. Schäle und schneide Zwiebel, Lauch und Kartoffel klein und gib sie zur Brühe. Lass sie 10 Minuten auf kleiner Flamme köcheln.

Wasche und hacke die Kräuter klein, bevor du sie der Suppe beifügst. Schmecke sie nach weiteren 5 Minuten Kochzeit mit Salz, Pfeffer und Muskat ab.

### *Anmerkung und Empfehlung:*
Besonders gut harmonieren hier Brennnessel, Bärlauch, Schafgarbe und Löwenzahn miteinander. Zum Verfeinern mixt du nach dem Kochen die Suppe mit dem Pürierstab und mischst einen EL Sauerrahm unter.

## Haselnuss Suppe

### *Zutaten:*
 500 g gemahlene Haselnüsse
 1 klein gehackte Wildzwiebel oder Bärlauchzwiebel
 2 EL Petersilie
 Wasser, Suppenpulver, Salz und Pfeffer nach Wunsch

***Zubereitung:***
Gib sämtliche Zutaten in einen Topf und lass den Inhalt 60 Minuten lang köcheln. Rühre des Öfteren um. Schmecke mit Suppenpulver, Salz und Pfeffer ab.

***Anmerkung und Empfehlung:***
Verfeinere die Suppe mit verschiedenen Kräutern und einem EL Sauerrahm.

## Brennnesselsuppe - Variante 3

***Zutaten:***
- 2 - 4 Handvoll Brennnesselblätter
- 1 L Wasser
- 6 mittelgroße Kartoffel
- 1 Zwiebel
- 3 Knoblauchzehen
- Fett, Salz, Pfeffer und frische Kräuter nach Wunsch

***Zubereitung:***
Schäle Kartoffel, Zwiebel und Knoblauchzehen. Schneide sie entsprechend klein und presse die Knoblauchzehen durch die Knoblauchpresse. Wasche und hacke die Brennnesselblätter und Kräuter klein.
Röste Knoblauch und Zwiebelwürfel in einem Hauch Fett goldgelb an. Gieße mit Wasser auf, gib Kartoffelwürfel, Salz und Pfeffer hinzu und lasse alles 20 Minuten köcheln. Streue abschließend die fein gehackten Brennnesselblätter und Kräuter darüber.

***Anmerkung und Empfehlung:***
Als Verfeinerung kannst du hier Rahm und Mehl nutzen.

Rühre beides erst in einem Becher zusammen und mische diese Mixtur anschließend in die warme Suppe.

### Brennnesselcremesuppe

*Zutaten:*

    2 Handvoll Brennnesselspitzen
    1,5 - 2 L Brühe
    1 Tasse Mehl
    100 ml Sonnenblumenöl, 1 Becher Sahne
    Wasser, Knoblauch, Salz, Pfeffer, Zitronensaft und Sauerrahm nach Bedarf

*Zubereitung:*
Schäl die Zwiebel, würfle sie und schwitze sie in einem Topf mit einem Hauch Öl glasig an. Streu das Mehl drüber, rühre gut um und röste die Zwiebel/Mehlmischung leicht an. Gieß mit der Brühe auf und schmecke mit Knoblauch, Salz, Pfeffer und Zitronensaft ab. Lass die Suppe auf kleiner Flamme 5 Minuten köcheln.

Wasch zwischenzeitlich die Brennnesselspitzen und schneide sie klein. Püriere sie mit der Sahne zu einer schaumigen Masse. Rühre die Brennnessel/Sahnemischung in die Suppe ein. Erhöhe die Flamme und warte, bis sie aufkocht.

Servier die Suppe mit einem Klecks Sauerrahm.

*Anmerkung und Empfehlung:*
Mehr Biss bekommt die Suppe, wenn du auf das Pürieren verzichtest und Brennnessel und Sahne direkt untermischst.

# Breitwegerichsuppe

### *Zutaten:*
    40 g Butter oder Margarine
    40 g Mehl
    500 ml Brühe
    1 Handvoll Wegerichblätter
    Petersilie nach Wunsch

### *Zubereitung:*
Bring Butter oder Margarine in einem Topf zum Schmelzen. Füg das Mehl hinzu und rühre öfters um, bis die Farbe goldgelb wird. Fülle diese helle Mehlschwitze mit Brühe auf.

Wasch zwischenzeitlich die Wegerichblätter und schneide sie in feine Streifen. Gib sie in die Brühe und lass alles kurz aufkochen.
Schmecke mit der gewaschenen und ebenfalls klein geschnittenen Petersilie ab.

### *Anmerkung und Empfehlung:*
Wegerich kannst du für viele Gerichte nutzen, aber auch roh verzehren.
Für diese Suppe bieten sich getoastete Brotwürfel als Einlage an.

## Waldsuppe

### *Zutaten:*
150 g Bärlauch- oder Sauerampferblätter
Mehl, Sauerrahm und Gemüsebrühe nach Bedarf

### *Zubereitung:*
Wasch die Blätter und schneide sie in dünne Streifen. Gib sie in einen Topf, bedecke sie mit ausreichend Wasser und dünste sie auf kleiner Flamme.

Ist das Wasser zur Gänze verdunstet, solltest du im Topf eine weiche, breiige Masse haben. Rühre 2 EL Mehl unter und gib Brühe nach Wunsch in den Topf. Lass die Mischung kurz aufkochen und für 5 Minuten leicht köcheln.

### *Anmerkung und Empfehlung:*
Verfeinern lässt sich diese Suppe mit Sauerrahm. Am besten schmeckt die Suppe im Frühjahr mit frischen, zarten Blättern.

## Gänseblümchensuppe

### *Zutaten:*
120 g Gänseblümchenköpfe
1 L Brühe
1 EL Sahne pro Teller
Mehl, Schnittlauch, Pfeffer und Salz nach Bedarf

### *Zubereitung:*
Wasch und hacke die Gänseblümchen fein. Koch sie in der Brühe mit und verfeinere mit Salz und Pfeffer.
Rühre nach 5 Minuten Kochzeit langsam 2 EL Mehl unter,

achte dabei darauf, dass sich keine Klümpchen bilden. Stell die Suppe für weitere 5 Minuten auf kleine Flamme.

Gib die fertige Suppe in Teller, rühre in jeden 1 EL Sahne ein und bestreue sie mit Schnittlauch.

***Anmerkung und Empfehlung:***
Ein alter Aberglaube besagt, die ersten drei Gänseblümchen, die man im Frühjahr sieht, solle man essen. Angeblich würden sie einen das restliche Jahr gegen Zahnschmerzen, Augenbeschwerden und Fieber schützen.

## Eintropfsuppe mit Sauerampfer

***Zutaten:***
- 1 Handvoll Sauerampfer
- 2 Kopfsalatherzen
- 1 Ei
- Fett, heißes Wasser, Salz und Pfeffer nach Bedarf

***Zubereitung:***
Wasch Sauerampfer und Kopfsalat und schneide sie in dünne Streifen. Dünste sie 1 Minute in wenig Fett an und gieß mit ausreichend Wasser auf. Die Blätter sollten gut bedeckt sein. Schmecke mit Salz und Pfeffer ab.
Köchel die Suppe 15 Minuten auf kleiner Flamme. Rühre anschließend mit dem Schneebesen ein Ei unter. Sobald das Ei stockt, ist die Suppe fertig.

***Anmerkung und Empfehlung:***
Roh genossen ist Sauerampfer eine wahre Delikatesse. Suppen gibt er ein eigenwilliges, schmackhaftes Aroma.

## Bärlauchsuppe

***Zutaten:***
1 Handvoll Bärlauchblätter
1 Zwiebel
750 ml Brühe
1 EL Margarine
1 Tasse Mehl
Salz und Pfeffer nach Bedarf

***Zubereitung:***
Wasch die Bärlauchblätter und schneide sie in feine Streifen. Schäle die Zwiebel und würfle sie. Dünste beides zusammen mit der Margarine an. Streu das Mehl drüber und rühre es unter. Gib die Brühe in den Topf, sobald sich das Mehl goldgelb färbt. Lass alles zusammen 15 Minuten bei kleiner Flamme köcheln.
Schmeck mit Salz und Pfeffer ab.

***Anmerkung und Empfehlung:***
Nach Wunsch kannst du mit Sahne oder Weißwein verfeinern und frische Kräuterbutter unterrühren.

## Gierschsuppe

***Zutaten:***
1 Handvoll Gierschblätter
1 kleine Zwiebel
40 g Butter oder Margarine
40 g Mehl
500 ml Wasser oder Brühe

*Zubereitung:*
Bring Butter oder Margarine in einem Topf zum Schmelzen. Streue das Mehl darüber und rühre es unter. Gib die Brühe in den Topf, sobald sich das Mehl goldgelb färbt. Lass alles zusammen 15 Minuten auf kleiner Flamme köcheln. Schäle und würfle zwischenzeitlich die Zwiebel klein. Wasche und hacke den Giersch. Gib beides in die Suppe. Nach weiteren 15 Minuten Köcheln ist die Suppe essfertig.

*Anmerkung und Empfehlung:*
Diese Suppe kannst du mit Gänseblümchen, Veilchenblüten und fein geschnittenen Bärlauchblättern garnieren.

Einst brachten ihn römische Legionäre mit. Gern verzehrt war er für lange Zeit auf dem Speiseplan unverzichtbar. Geschmacklich überbietet Giersch die meisten anderen Wildkräuter um Längen.

## Wegwartensuppe

*Zutaten:*
 2 Handvoll Wegwartenblätter
 250 ml Wasser oder Brühe
 Salzwasser nach Bedarf
 Butter, Salz, Pfeffer und Muskatnuss nach Bedarf

*Zubereitung:*
Wasch und putze die Blätter der Wegwarte. Koch sie 15 Minuten lang in Salzwasser. Leg sie auf ein Sieb, sodass sie abtropfen können. Dünste sie in Butter an und schmeck mit Salz, Pfeffer und Muskatnuss ab.

Gieß mit Wasser oder Brühe auf und köchel die Suppe 40 Minuten lang auf kleiner Flamme.

### *Anmerkung und Empfehlung:*
Ein verquirltes, untergerührtes Ei und geröstete Brotwürfel vervollkommnen diese Suppe zur vollwertigen Mahlzeit.

### Grünlingssuppe

### *Zutaten:*
500 g Bohnen aus der Dose
400 g frische Brennnesselblätter
3 mittelgroße Zwiebel
2 EL Paprikapulver
1 EL Kräutersalz
Sauerrahm, Öl, Wasser und Pfeffer nach Wunsch

### *Zubereitung:*
Wasche und schneide die Brennnesselblätter klein und stell sie vorerst beiseite.
Schäle und schneide die Zwiebel in kleine Würfel. Röste sie in einem Topf mit Öl an, bis sie goldgelb werden. Streu das Paprikapulver drüber und dünste die Zwiebel 5 Minuten auf kleiner Flamme. Gib die Bohnen samt Dosenwasser in den Topf und bring den Inhalt zum Kochen, die Bohnen sollten ausreichend mit Flüssigkeit bedeckt sein. Misch die Brennnesselblätter in den Inhalt und koch die Suppe für 15 Minuten. Schmeck sie mit Schnittlauch, Petersilie und Sauerrahm nach Wunsch ab.

***Anmerkung und Empfehlung:***
Größere Bohnen schmecken in diesem Rezept besser.

## Frühlingskräutersuppe

### *Zutaten:*

    je 1 Handvoll Erdbeerblätter, Sauerampfer, Brennnesseln, Gänseblümchen, Schafgarbenblättchen und Gundermann
    1 L Brühe
    1 Ei
    Milch und Schnittlauch nach Bedarf

### *Zubereitung:*

Wasche und schneide die Kräuter grob und koche sie in der Brühe auf. Nimm den Topf vom Herd, tropfe das Ei ein und verfeiner mit Milch und Schnittlauch nach Wunsch.

### ***Anmerkung und Empfehlung:***

Die Frühlingskräutersuppe ist optimal für verschiedene Kuren und für Heilfasten geeignet. In Frühlingskräutern stecken Vitamine, Spurenelemente, Energie und Stärke, die dem Körper gut tun.

## Ostersuppe

### *Zutaten:*

    4 Handvoll Brennnesselspitzen
    2 TL Mehl
    2 Tassen Milch
    1 EL Margarine
    1 TL Zitronensaft
    Knoblauch, Muskat und Salz nach Wunsch

### *Zubereitung:*

Wasch und schneide die Brennnessel klein, gib sie in Wasser und koch sie darin weich. Nimm ausreichend, aber nicht zu viel Wasser. Es sollte reichen zum leichten Bedecken der Blätter.

Bring in einem weiteren Topf Margarine zum Schmelzen und rühr Mehl und Milch unter. Gib die flüssige Mischung in den Brennnesseltopf, misch sie gut durch und schmeck mit Knoblauch, Muskat und Salz ab.

### *Anmerkung und Empfehlung:*

"Ostersuppen" Rezepte gibt es viele, meist finden sich darin saisonale Kräuter. Sie sollen Kraft für das Jahr geben.

## Tipps und Tricks für Suppen

- **Gesund**
  Suppen sind gesund. Die meisten Suppen von ihnen wärmen, geben wichtige Nährstoffe ab und versorgen dich mit Flüssigkeit.
- **Cremigkeit**
  Willst du Suppen cremiger, püriere sie oder rühre Buttermilch oder Sauerrahm ein.
- **Beilagen**
  Die meisten Gebäcksorten eignen sich als Beilagen. Alternativ bieten sich Croutons, geröstete Haferflocken und vieles mehr als Einlagen an.
- **Vielfalt**
  Hier angegebene Kräuter lassen sich leicht durch andere ersetzen. Viele Wildkräuter harmonieren wunderbar miteinander.
  Hol dir Inspirationen, probier aus, indem du experimentierst. So findest du die besten Rezepte für dich.
- **Dekoration**
  Frische Blüten wie Veilchen oder Gänseblümchen machen jede Suppe zum Blickfang. Achte darauf, essbare Blüten zu wählen.
- **Suppen zu Saucen**
  Die meisten Suppenrezepte kannst du zu Saucen umarbeiten. Dazu kochst du sie, bis ausreichend Wasser verdampft ist. Püriere sie anschließend und schmecke sie mit Kräutern und Gewürzen ab.

## *Hauptspeisen*

| | |
|---|---|
| Warme Brennnessel | **Waldläufer und Trapper** |
| Waldbrennnessel | **Waldläufer und Trapper** |
| gebratene Brennnessel | **Waldläufer und Trapper** |
| Eichelbrei | **Waldläufer und Trapper** |
| Sauerampfer / Spinatpfanne | **Waldläufer und Trapper** |
| Löwenzahnblatt-Gemüse | **Waldläufer und Trapper** |
| Brennnesselbratlinge | **Outdoorfan und Gartennutzer** |
| Brennnesselgemüse | **Outdoorfan und Gartennutzer** |
| Waldnockerl | **Outdoorfan und Gartennutzer** |
| Zwergenbraten | **Outdoorfan und Gartennutzer** |
| Einfache Pilzpfanne | **Outdoorfan und Gartennutzer** |
| Nagerlsterz | **Outdoorfan und Gartennutzer** |
| Herbstliche Pilzpfanne | **Outdoorfan und Gartennutzer** |
| Gebackene Löwenzahnblüten | **Outdoorfan und Gartennutzer** |
| Löwenzahnblütengemüse | **Outdoorfan und Gartennutzer** |
| Gierschgemüse | **Outdoorfan und Gartennutzer** |
| Knusprige Margeritenblüten | **Outdoorfan und Gartennutzer** |
| Hirtentäschel-Sauerampfer-Gemüse | **Outdoorfan und Gartennutzer** |
| gedämpftes Sauerampfergemüse | **Outdoorfan und Gartennutzer** |
| Gedünstete Schachtelhalmkolben | **Outdoorfan und Gartennutzer** |
| gedämpfte Bocksbartknospen | **Outdoorfan und Gartennutzer** |
| knusprige Huflattichblüten | **Outdoorfan und Gartennutzer** |
| Gedünstete Farntriebe | **Outdoorfan und Gartennutzer** |
| Lagerfeuerpilze | **Outdoorfan und Gartennutzer** |

## Warme Brennnessel

***Zutaten:***
  1 Schüssel Brennnesselblätter
  2 mittelgroße Zwiebeln
  Salz und Öl nach Wunsch

***Zubereitung:***
Schäle und würfle die Zwiebel klein, röste sie in einer geringen Menge Öl goldgelb. Wasch und schneide die Brennnessel grob und gib sie zu den Zwiebelwürfel. Deck den Topf zu und lass die Brennnessel für 10 Minuten auf kleiner Flamme köcheln.
Schmecke abschließend mit Salz ab.

***Anmerkung und Empfehlung:***
Ersetzt du einen Teil der Brennnesselblätter durch Bärlauchblätter, bekommt das Gericht eine dezent, knoblauchartige Note.

## Waldbrennnessel

***Zutaten:***
  2 Handvoll Brennnessel
  2 Handvoll Pilze
  Salz, Pfeffer und Öl nach Bedarf

***Zubereitung:***
Wasche die Brennnessel und Pilze gut und schneide sie in grobe Stücke. Röste sie in Öl an und schmecke anschließend mit Salz und Pfeffer ab.

***Anmerkung und Empfehlung:***
Verfeinern kannst du dieses Gericht mit zusätzlichen, frischen Wald- und Wiesenkräutern nach Gusto.

## gebratene Brennnessel

***Zutaten:***
    1 großer Eimer frische Brennnesselblätter
    2 Zehen Knoblauch oder zwei Handvoll Bärlauchblätter
    4 EL Öl
    250 ml Brühe
    Salz und Pfeffer nach Wunsch

***Zubereitung:***
Schäle und hacke den Knoblauch fein, brate ihn auf kleiner Flamme mit Öl an.
Wasch und schneide die Brennnessel grob. Gib sie zum Knoblauch und mische sie gut durch. Fülle mit Brühe auf, sobald die Blätter zusammenfallen. Deck die Pfanne ab und dünste die Blätter 10 Minuten lang. Achte darauf, dass die Flüssigkeit nicht gänzlich entweicht.

Schmeck mit Salz, Pfeffer und einer klein geschnittenen Pfefferoni ab.

***Anmerkung und Empfehlung:***
Werden die Blätter zu braun, verändert sich der Geschmack, sie sollten höchstens leichte Bräune aufweisen.

# Eichelbrei

### *Zutaten:*
    1 Schüssel Eichel
    1 Zwiebel
    Salz und Pfeffer nach Bedarf

### *Zubereitung:*
Schäle die Eicheln. Schneide sie klein und fülle sie in einen Stoffsack oder saubere Socken. Gib diesen Beutel für 3 Tage in einen großen Kübel mit Wasser. Tausche das Wasser täglich zwei Mal aus! Nimm am vierten Tag die eingeweichten Eicheln aus dem Beutel und spüle sie gründlich unter fließendem Wasser ab. Anschließend sind sie bereit zur Verarbeitung.

Schäl und schneide die Zwiebel würfelig klein. Gib die Zwiebel und die Eichel in frisches, kochendes Salzwasser. Köchel sie für 40 Minuten auf kleiner Flamme. Gib bei Bedarf weiteres, gesalzenes Wasser in den Topf.

Püriere abschließend die Masse mit einem guten Mixer und schmeck mit Pfeffer ab.

### *Anmerkung und Empfehlung:*
Bei den meisten Rezepten lassen sich Zeitangaben durchaus durch Veränderung der Hitzezufuhr variieren. Geht es um heiklere Pflanzen wie Eicheln, halte die Zeitvorgaben ein!

## Sauerampfer / Spinatpfanne

***Zutaten:***
1 Handvoll Spinat
1 Handvoll Sauerampfer
1 EL Mehl
Fett nach Bedarf
Salz, Muskatnuss, Semmelbrösel und Suppenwürze nach Wunsch

***Zubereitung:***
Wasche und koche Spinat und Sauerampfer für 5 Minuten in ausreichend Wasser mit einer winzigen Prise Salz. Nimm sie anschließend aus dem Topf (heb das Wasser auf) und schneide die Blätter klein. Schwitz das Mehl in Fett an und misch die Blätter und eine Handvoll Semmelbrösel darunter. Fülle mit dem Kochwasser nach Wunsch auf.

Lass es aufkochen und schmecke mit Salz, Muskatnuss und Suppenwürze ab. Köchel die Suppe noch weitere 10 Minuten, bevor du sie servierst.

***Anmerkung und Empfehlung:***
Als Beilage passen gebratener Speck und Bratkartoffel.

## Löwenzahnblatt-Gemüse

***Zutaten:***
1 Handvoll junge Löwenzahnblätter
Suppenpulver, Salz und Semmelbrösel nach Wunsch

*Zubereitung:*

Wasche und schneide die Löwenzahnblätter klein. Koche sie für 10 Minuten in ausreichend Wasser mit einer winzigen Prise Salz.

Nimm sie aus dem Kochtopf, mische Semmelbrösel darunter und schmecke mit Suppenpulver und Salz ab.

*Anmerkung und Empfehlung:*

Als Beilage passen frisches, selbst gemachtes Fladenbrot oder Reis. Mit Butter, Pfeffer und Sauerrahm lässt es sich leicht verfeinern.

## Brennnesselbratlinge

*Zutaten:*

    400 g Brennnesselblätter
    4 Semmeln – oder gleich viele Semmelwürfel
    1 große Zwiebel
    1 großes oder 2 kleine Eier
    Fett, Milch, Mehl, Salz, Pfeffer und Muskat nach Bedarf

*Zubereitung:*

Wasch die Brennnesselblätter und überbrühe sie mit heißem Wasser. Lass sie auf einem Sieb abtropfen. Schäle und schneide zwischenzeitlich die Zwiebel klein und röste sie in Fett goldgelb an.

Schneide die Semmel in Würfel oder nimm die fertigen Semmelwürfel. Übergieße sie mit ausreichend Milch. Drücke sie nach einigen Minuten kräftig aus. Die Semmelwürfel sollten feucht, aber nicht nass sein. Schneide zwischenzeitlich die Brennnesselblätter klein.

Gib alle Zutaten in eine Schüssel, würze sie nach Geschmack und verknete sie miteinander. Entnimm ihr kleinere Mengen, forme daraus Laibchen, wende sie in Mehl und backe diese in einer Pfanne bei wenig Fett aus.

***Anmerkung und Empfehlung:***
Diese Bratlinge eignen sich hervorragend für vegane Burger.

## Brennnesselgemüse

***Zutaten:***
    200 g Brennnesselblätter
    1 mittelgroße Zwiebel
    1 TL Öl
    Wasser, Salz und Zitronensaft nach Bedarf

***Zubereitung:***
Wasch die Brennnesselblätter und hacke sie fein. Schäle und schneide die Zwiebel klein. Brate beides zusammen in Öl an. Gieße mit ausreichend Wasser auf. Blätter und Zwiebel sollten leicht bedeckt sein. Dünste diese Mischung 10 Minuten. Schmecke mit Salz und Zitronensaft ab.

***Anmerkung und Empfehlung:***
Die Zitrone lässt sich durch Knoblauch oder Bärlauch ersetzen.

## Waldnockerl

### *Zutaten:*

5 alte Semmeln
100 g Margarine
1 Zwiebel
2 Eier
250 ml Milch
1 Bund Bärlauch
2 EL Mehl
Fett und Salz nach Bedarf

### *Zubereitung:*

Schneide die Semmel in Würfel. Schäle und würfle die Zwiebel und brate sie in Fett glasig an. Wasche zwischenzeitlich den Bärlauch und gib ihn zu den Zwiebelwürfel. Röste sie für 1 Minute gemeinsam an, vermenge anschließend sämtliche Zutaten gut miteinander.

Forme aus dieser Masse kleine Nockerl und gib sie in kochendes Salzwasser. Schwimmen sie an der Oberfläche, sind sie fertig.

### *Anmerkung und Empfehlung:*

Bevor du alle Nockerl in das Salzwasser gibst, teste den Teig mit einem Probenockerl. Zerfällt dieses im kochenden Wasser, benötigst du mehr Mehl.
Reibe zur Verfeinerung Käse über die Nockerl und überbacke sie kurz im Ofen.

## Zwergenbraten

### *Zutaten:*
    500 g Brennnessel
    500 g Pilze
    5 große Zwiebel
    80 g Zwiebelschmalz
    10 Eier
    6 Zehen Knoblauch
    Salz und Pfeffer nach Bedarf

### *Zubereitung:*
Wasche Pilze und Brennnesselblätter gründlich. Koche die Blätter 10 Minuten in Salzwasser. Nimm sie aus dem Wasser und lass sie abtropfen. Schäle zwischenzeitlich die Zwiebel und schneide sie klein. Brate sie im Zwiebelschmalz goldgelb an. Schneide die Pilze in dünne Scheiben. Gib Pilze und Blätter zu den Zwiebeln und brate sie gemeinsam 5 Minuten. Gib diese Mischung in eine backofenfeste Form. Rühr Eier und Gewürze unter.
Stell die Form für 25 Minuten bei 170 Grad in den Backofen, bevor du servierst.

### *Anmerkung und Empfehlung:*
Mit Semmelbrösel bekommst du die Masse kompakter. Als Beilage bieten sich Petersilienkartoffel und Bratwurst an.

# Einfache Pilzpfanne

### *Zutaten:*
100 g Pilze nach Wunsch
250 g Mischgemüse nach Wunsch
1 Knoblauchzehe
1 EL Apfelessig
1 EL Petersilie
1 EL Schnittlauch
Salz und Pfeffer nach Wunsch

### *Zubereitung:*
Wasche und putze sämtliches Gemüse. Schneide alles in dünne Scheiben. Zieh den Knoblauch ab, hacke ihn klein und brate ihn in einer geölten Pfanne an. Gib die Gemüse- und Pilzscheiben in die Pfanne und brate den Inhalt weitere 5 Minuten an. Rühre dabei öfters um.

Schneide zwischenzeitlich Petersilie und Schnittlauch klein und würze die Pilzpfanne damit. Schmecke mit Salz und Pfeffer ab.

### *Anmerkung und Empfehlung:*
Verfeinern lässt sich die Pilzpfanne mit Sauerrahm nach Geschmack.
Getrocknete, klein geschnittene Steinpilze und klein gehackte Petersilie vervollkommnen sie.

## Nagerlsterz

### *Zutaten:*
- 400 g Nagerl (Eierschwammerl / Pfifferlinge)
- 2 EL Gries
- 2 Eier
- 1 kleine Zwiebel
- 1 kleiner Bund Petersilie
- Salz und Pfeffer nach Wunsch

### *Zubereitung:*
Schäle und würfle die Zwiebel. Hacke die Petersilie klein. Brate beides an, bis die Zwiebel goldgelb werden. Wasche und schneide die Nagerl in gröbere Stücke. Gib sie zur Zwiebel/Petersilienmischung, leg einen Deckel auf die Pfanne und lass das Gericht 10 Minuten dünsten. Vermenge den Gries damit.

Verquirle die Eier und mische sie unter. Stocken sie, ist der Nagerlsterz fertig. Schmecke mit Salz und Pfeffer ab.

### *Anmerkung und Empfehlung:*
Dieses Gericht kommt aus dem österreichischen Waldviertel.

## herbstliche Pilzpfanne

### *Zutaten:*
- 1 mittelgroße Zwiebel
- 750 g gemischte Pilze
- 2 Knoblauchzehen
- 1 Bund Schnittlauch
- 5 Eier

3 EL Olivenöl
Salz und Pfeffer nach Wunsch

*Zubereitung:*
Schäle und hacke die Zwiebel fein. Brate sie in einer geölten Pfanne goldgelb an. Wasche und schneide die Pilze in dünne Streifen. Dünste sie gemeinsam mit den Zwiebel für 10 Minuten. Schäle die Knoblauchzehen und zerdrücke sie, bevor du sie unter die Pilze mischst. Schmecke mit Salz und Pfeffer ab.

Gib zwischenzeitlich die Eier in einen Becher und verquirle sie. Schneide den Schnittlauch klein und mische ihn unter die Pilzpfanne. Rühre sie unter die Pilze und vermenge alles gut. Stocken die Eier, ist das Gericht fertig.

***Anmerkung und Empfehlung:***
Schneide die Pilze möglichst dünn, das verkürzt die Zubereitungszeit.

## gebackene Löwenzahnblüten

*Zutaten:*
1 Handvoll Löwenzahnblüten
2 EL Milchpulver
1 Pkg. Backpulver
0,5 Tassen Mehl
1 Ei
4 EL Wasser
Salz nach Wunsch
Fett nach Bedarf

***Zubereitung:***
Vermische Milchpulver, Backpulver, Mehl, Ei, Wasser und Salz gut miteinander.
Wasch die Löwenzahnblüten, tauche sie in den Teig und backe sie in ausreichend Fett heraus.

***Anmerkung und Empfehlung:***
Bei diesem Gericht schmecken auch andere Blüten gut.

## Löwenzahnblütengemüse

***Zutaten:***
    1 Handvoll Löwenzahnblüten
    Margarine, Salz und Wasser nach Bedarf

***Zubereitung:***
Nimm die Blütenansätze aus der schützenden Blattrosette. Koche sie 5 Minuten in Salzwasser. Hebe sie aus dem Wasser, lass ihnen ausreichend Zeit zum Abtropfen und schmeck sie mit Salz und Margarine ab bevor du sie servierst.

***Anmerkung und Empfehlung:***
Verfeinern lässt sich dieses Gericht mit untergerührten Semmelbröseln und flüssiger Butter.

## Gierschgemüse

***Zutaten:***
    5 Handvoll Giersch
    1 Zwiebel
    1 Knoblauchzehe
    1 TL Olivenöl

Salz, Pfeffer, Zitronensaft und Balsamico-Essig nach Wunsch

*Zubereitung:*
Schäle und schneide Giersch, Zwiebel und Knoblauch klein. Dünste sie gemeinsam in einer Pfanne mit Olivenöl an, bis die Gierschblätter zusammenfallen.
Gieß mit Wasser auf, bis alles leicht bedeckt ist. Schmecke mit Salz, Pfeffer, Zitronensaft und Balsamico-Essig ab.

*Anmerkung und Empfehlung:*
Unter Pasta gemischt schmeckt das Gierschgemüse hervorragend.
Dieses Gericht stammt aus Italien.

## Knusprige Margeritenblüten

*Zutaten:*
- 100 g Margeritenblüten mit Stiel
- 25 g Mehl
- 1 Ei
- 100 g Semmelbrösel
- 250 ml Öl
- Salz, Pfeffer und Zitronensaft nach Bedarf

*Zubereitung:*
Wasche und wende die Margeritenblüten im Mehl. Tunke an den Stielen die Blüten in das verquirlte Ei und wende sie anschließend in den Semmelbrösel.

Erhitze das Öl und backe die Blüten im heißen Fett heraus. Nimm sie an den Stielen aus der Pfanne und lass sie auf einem Sieb abtropfen.

Würze mit Salz, Pfeffer und Zitrone nach Geschmack.

***Anmerkung und Empfehlung:***
Für dieses Rezept eignen sich alle essbaren Blüten mit ähnlich stabiler Struktur wie die Margerite.

## Hirtentäschel-Sauerampfer-Gemüse

***Zutaten:***
    1 Handvoll Hirtentäschel
    1 Handvoll Sauerampfer
    1 EL Mehl
    250 ml Brühe
    1 große, gekochte Kartoffel - möglichst mehlig
    Sauerrahm nach Wunsch

***Zubereitung:***
Wasche und dünste Hirtentäschel und Sauerampfer gemeinsam in ausreichend Salzwasser weich. Gieß das Wasser ab, rühre stattdessen das Mehl ein. Gib die Brühe vorsichtig in die Masse. Menge abschließend Sauerrahm und Kartoffel unter oder biete beides neben dem Gemüse als "Beilage" auf dem Teller an.

***Anmerkung und Empfehlung:***
Die Kartoffel bietet sich klein geschnitten ebenso an wie zerdrückt. Mit Salz und Pfeffer lässt sich dieses Gericht wunderbar verfeinern.

## gedämpftes Sauerampfergemüse

### Zutaten:
1 Handvoll Sauerampfer
Kerbel und Kopfsalatblätter nach Wunsch
350 ml Salzwasser
Mehl, Pfeffer und Margarine nach Wunsch
2 Eier

### Zubereitung:
Wasche und schneide Sauerampfer, Kopfsalatblätter und Kerbel klein. Koche sie für 10 Minuten in Salzwasser. Gieß das Wasser ab. Würze mit Pfeffer und Margarine. Mische abschließend Eier und Mehl unter die Masse. Sobald die Eier stocken, ist das Sauerampfergemüse fertig.

### Anmerkung und Empfehlung:
Als Beilage schmecken hart gekochte Eier mit Senfsauce. Mit Speckwürfel lässt sich dieses Gericht hervorragend verfeinern. Mische dazu Eier und Mehl gemeinsam unter die Masse gemischt.

## Gedünstete Schachtelhalmkolben

### Zutaten:
2 Handvoll Schachtelhalmkolben
500 ml Sauerrahm
Semmelbrösel, Salz, Thymian und Kerbel nach Wunsch

### Zubereitung:
Schäle und wende die Schachtelhalmkolben in den Semmelbrösel und dünste sie in einer Pfanne 15 Minuten lang

an. Rühre den Sauerrahm unter und schmecke mit Salz, Thymian und Kerbel ab.

***Anmerkung und Empfehlung:***
Je jünger und frischer die Kolben sind, umso zarter schmecken sie.

### gedämpfte Bocksbartknospen

***Zutaten:***
    2 Handvoll junge Bocksbartknospen
    Margarine, Salz und Gewürze nach Wunsch

***Zubereitung:***
Gare die Knospen über Dampf. Achte darauf, dass sie knackig bleiben. Das gibt dem Gericht leckeren Biss. Würze nach Wunsch und mische Margarineflocken unter.

***Anmerkung und Empfehlung:***
Besonders gut eignet sich hier ein Bambusdämpfer. Den bekommst du in den meisten asiatischen Shops um wenig Geld.

### knusprige Huflattichblüten

***Zutaten:***
    2 große Handvoll Huflattichblüten mit Blütenstängel
    25 g Margarine
    Salz und Pfeffer nach Wunsch

***Zubereitung:***
Wasche die Blüten sorgfältig und lass sie anschließend gut

abtropfen. Erhitze die Margarine in einer Pfanne. Backe darin die Blüten knusprig. Sie sollten goldbraun werden, nicht dunkler. Leg sie anschließend auf ein Stück Küchenrolle.

Je eine Prise Salz und Pfeffer reichen als Würze.

***Anmerkung und Empfehlung:***
Knuspriges, selbst gemachtes Fladenbrot schmeckt hervorragend als Beilage.

### gedünstete Farntriebe

***Zutaten:***
- 500 g Farntriebe
- 2 EL Butter
- Wasser nach Bedarf
- Kräuter und Muskatnuss nach Wunsch

***Zubereitung:***
Koch das Farnkraut 10 Minuten in Salzwasser. Gieß es ab und koch es in frischem Salzwasser erneut für 10 Minuten.

Bring zwischenzeitlich Butter zum Schmelzen. Nimm nach der angegebenen Kochzeit die Farntriebe aus dem Wasser und schmecke mit Kräutern und Muskat ab.

***Anmerkung und Empfehlung:***
Bevorzuge junge, frische Farntriebe. Sie munden am Besten.

## Lagerfeuerpilze

### *Zutaten:*
    10 große Pilze
    4 EL Margarine
    Knoblauchpulver und Zitronensaft nach Wunsch

### *Zubereitung:*
Säubere die Pilze und leg sie auf eine Alufolie. Gib Margarine, Knoblauchpulver und Zitronensaft dazu. Falte die Folie gut, verschließe sie und lege sie für 15 Minuten auf ein Grillgitter.

### *Anmerkung und Empfehlung:*
Dieses Gericht lässt sich hervorragend mit geschnittenem Lauch, Kräutern und anderen Leckereien verfeinern. Statt dem Grill lässt sich ebenso gut die heiße Glut des Lagerfeuers nutzen.

## Tipps und Tricks für Hauptspeisen

- **Fett**
  Margarine lässt sich jederzeit durch Butter oder andere Fette wie Öle ersetzen.
- **Gewürze**
  Hier angegebene Gewürze und Kräuter sind erprobt und harmonieren gut miteinander. Teste selbstständig aus, ob dir andere Kräuter und Gewürze für das jeweilige Rezept mehr zusagen.
  Besonders gut schmecken eigenhändig zusammengemischte Kräutersalze.
- **Mengenangaben**
  Bei einigen Rezepten findet sich als Mengenangabe "eine Handvoll". Hände sind in ihrer Größe natürlich verschieden. In den Rezepten ist die durchschnittlich große Hand eines Erwachsenen gemeint.
- **sei kreativ**
  Nutze deine Kreativität. Halte dich nicht sklavisch an die Rezepte, sondern experimentiere mit den angegebenen Zutaten. Nimm die Rezepte als Basis und verändere sie nach deinem eigenen Geschmack! Nimm andere Blumen und/oder Blüten, verwende verschiedene Kräuter, probiere unterschiedliche Beilagen aus. Es liegt an dir, aus einfachen Rezepten Außergewöhnliches zu machen. Bedenke, die Natur ist kein "Selbstbedienungsladen", in dem alles abgemessen bereit steht.

# Essig / Öl

| | |
|---|---|
| Holunderessig | **Outdoorfan und Gartennutzer** |
| Veilchenessig | **Outdoorfan und Gartennutzer** |
| Bärlauchessig | **Outdoorfan und Gartennutzer** |
| Bärlauchöl | **Outdoorfan und Gartennutzer** |
| Kräuteröl | **Outdoorfan und Gartennutzer** |

## Holunderessig

### *Zutaten:*
    1 Schüssel frischer Holunderblüten
    Weinessig nach Bedarf

### *Zubereitung:*
Wasche die Holunderblüten. Befreie sie von sämtlichen Blättern und Stielen und gib sie in eine saubere, gut ausgekochte Flasche. Fülle anschließend mit ausreichend Weinessig auf, bis die Blüten komplett bedeckt sind.
Lass die Flasche 2 Wochen an einem sonnigen, warmen Ort stehen. Seihe den Inhalt ab oder gieße ihn durch einen großen Kaffeefilter und fülle ihn in kleinere Flaschen um.

### *Anmerkung und Empfehlung:*
Holunderessig passt hervorragend zu Fischgerichten.

## Veilchenessig

### *Zutaten:*
    5 Handvoll Veilchen
    Weinessig nach Bedarf

*Zubereitung:*
Entferne von den Veilchen Stiele und Blätter. Wasche sie und gib sie in eine saubere, gut ausgekochte Flasche. Fülle anschließend mit ausreichend Weinessig auf, bis die Blüten komplett bedeckt sind.
Lass die Flasche 2 Wochen an einem sonnigen, warmen Ort stehen. Seihe den Inhalt ab oder gieße ihn durch einen großen Kaffeefilter und fülle ihn in kleinere Flaschen um.

*Anmerkung und Empfehlung:*
Veilchenessig passt hervorragend zu Salaten und Saucen.

## Bärlauchessig

*Zutaten:*
   1 Handvoll Bärlauchblätter
   Weinessig nach Bedarf

*Zubereitung:*
Wasche und trockne die Bärlauchblätter. Gib sie in eine saubere, gut ausgekochte Flasche. Fülle anschließend mit ausreichend Weinessig auf, bis sie komplett bedeckt sind. Lass die Flasche 1 Wochen an einem trockenen, kühlen Ort stehen. Seihe den Inhalt ab oder gieße ihn durch einen großen Kaffeefilter und fülle ihn in kleinere Flaschen um.

*Anmerkung und Empfehlung:*
Bärlauchessig passt hervorragend zu Salaten und Saucen. Mehr Knoblaucharoma entsteht, sofern die Blätter geschnitten werden.

# Bärlauchöl

*Zutaten:*
  1 Bund Bärlauch
  Olivenöl nach Bedarf

*Zubereitung:*
Wasche den gesammelten Bärlauch. Trockne und schneide ihn grob. Gib ihn in eine Schüssel und mische ihn unter das Öl. Gib diese Masse durch die Flotte Lotte oder nimm einen Pürierstab und vermenge alles gut miteinander.
Lass diese Mischung in einen gut ausgekochten Behälter für 3 Tage an einem kühlen Ort stehen. Besonders gut eignen sich hier ein kühler Kellerraum oder der Kühlschrank.
Seihe den Inhalt ab oder gieße ihn durch einen großen Kaffeefilter und fülle ihn in kleinere Flaschen um.

*Anmerkung und Empfehlung:*
Der feinere, knoblauchartige Geschmack des Bärlauch überträgt sich auf die Speise. Daher passt er zu allen Gerichten, die mit einer Knoblauchnote versehen werden sollen.

# Kräuteröl

*Zutaten:*
  4 Zweige Rosmarin
  4 Zweige Thymian
  6 Salbeiblätter
  3 Knoblauchzehen
  1 EL Salz

30 schwarze Pfefferkörner
1 L Olivenöl

### *Zubereitung:*
Schäle und schneide die Knoblauchzehen in feine Scheiben. Bestreue sie mit Salz und mische die Pfefferkörner unter. Zerdrücke alles in einer Knoblauchpresse oder mit einem Löffel. Vermenge sämtliche Zutaten und lass sie für 10 Tage an einem dunklen Ort ziehen. Zimmertemperatur und abgedunkelt eignen sich dafür besonders.

Seihe den Inhalt ab oder gieße ihn durch einen großen Kaffeefilter und fülle ihn in kleinere Flaschen um.

### *Anmerkung und Empfehlung:*
Gibst du die Kräuterzweige und Gewürze in die Flasche, bekommst du eine hübsche Raumdekoration. Dank verschiedener Kräuter ist dieses Öl vielfältig einsetzbar.

## kleine Kräuterkunde

Um passende Essige und Öle zu mischen ist Wissen über die einzelnen Kräuter sinnvoll. Kräuter sind wertvoll, schmecken gut und harmonieren mit Vielem. Entsprechend reicht ein kleiner Einblick für einen ersten Eindruck. Diese Liste ist als "kleiner Auszug" zu verstehen.

- **Basilikum** - Mittelmehrküche
  appetitfördernd und entschlackend
  <u>Wirkung als Tee</u>
  Fieber, Bauch- und Magenkrämpfe, Menstruationsbeschwerden
- **Beifuß** - bei fetten und deftigen Speisen
  regt Gallenfluss an und unterstützt die Fettverdauung
  <u>Wirkung als Tee</u>
  Verdauungsbeschwerden, Blähungen, schlechter Atem, entkrampfend
- **Bohnenkraut** - Hülsenfrüchte und Schmorgerichte
  stärkt den Magen, fördert die Verdauung und wirkt belebend
  <u>Wirkung als Tee</u>
  Husten, Bronchitis, Magenleiden, Durchfall, Blähungen
- **Borretsch** - Gurkengerichte
  gilt als herzstärkend, harn- und schweißtreibend und soll die Lebensgeister wecken
  <u>Wirkung als Tee</u>
  Fieber, Husten, Schlaflosigkeit
- **Brennnesseln** - vielseitig einsetzbar
  entwässernd, reich an Vitaminen und Mineralsalzen und unterstützen die Blutbildung
  <u>Wirkung als Tee</u>
  blutreinigend, entwässernd

- **Brunnenkresse** - Milchprodukte, Eier, Huhn
  stärkt die Abwehrkräfte
  <u>Wirkung als Tee</u>
  harntreibend, Husten, blutreinigend
- **Dille** - Gurkengerichte und frischer Fisch
  nervenberuhigend, regt Appetit an, lindert
  Verdauungsstörungen
  <u>Wirkung als Tee</u>
  harntreibend, Unterleibskrämpfe,
  Verdauungsbeschwerden
- **Estragon** - Kräuterbutter
  regt Appetit und Magensekretion an
  <u>Wirkung als Tee</u>
  regt Stoffwechsel und Appetit an, harntreibend
- **Koriander** - Wokgerichte, asiatische Küche
  fördert Appetit und lindert Völlegefühl
  <u>Wirkung als Tee</u>
  Blähungen, Verdauungsprobleme, Erbrechen,
  Durchfall
- **Liebstöckel** - Suppe und Eintöpfe
  harntreibend, hilfreich bei Nieren- und Blasenleiden,
  Gicht und Rheuma
  <u>Wirkung als Tee</u>
  harntreibend, Blähungen, Völlegefühl
- **Majoran** - Bratkartoffel
  beruhigt Magenschleimhäute
  <u>Wirkung als Tee</u>
  Durchfall, Blähungen, Erkältung
- **Oregano** - italienische und griechische Küche
  fördert Appetit, beruhigt Nerven
  <u>Wirkung als Tee</u>
  Husten, Asthma, Magen- und Darmprobleme
- **Petersilie** - vielseitig einsetzbar
  regt Nierentätigkeit an, blutreinigend und

verdauungsfördernd
<u>Wirkung als Tee</u>
appetitanregend, erhöht Harnausscheidung und Verdauung
- **Rosmarin** - vielseitig einsetzbar
  beeinflusst Magen-, Darm- und Gallentätigkeit positiv
  <u>Wirkung als Tee</u>
  kreislaufstabilisierend, verdauungsfördernd, hilft bei Stress, belebend
- **Salbei** - vielseitig einsetzbar
  entzündungshemmend und verdauungsfördernd
  <u>Wirkung als Tee</u>
  Erkältung, Mund- und Rachenprobleme, Entzündungen im Körper, unterstützt Magenfunktion
- **Thymian** - vielseitig einsetzbar
  beruhigend, krampf- und schleimlösen
  <u>Wirkung als Tee</u>
  Grippe, Erkältung, Schnupfen, Blähungen, verdauungsfördernd, harntreibend

(Wild)Kräuter unterstreichen Gerichte mit ihrem typischen Eigengeschmack. Befasst du dich mehr mit diesem Thema, wirst du außergewöhnliche und hochinteressante Aspekte dieser natürlichen Geschmacksnuancen kennenlernen, die dir bislang verborgen blieben.

## Tipps und Tricks für Essig / Öl

- **Aroma**
  Kräuteröle sind hervorragende Würze. Sie erhalten das Aroma der Kräuter.
- **Basisöle**
  Hier bieten sich vorrangig Sonnenblumenöl, Distelöl, Rapsöl, Sojaöl, Maiskeimöl oder Traubenkernöl an. Neutraler Geschmack wahrt das Kräuteraroma am Besten.
- **Kräuterwahl**
  Grundlegend sind alle Kräuter mit entsprechendem Aroma brauchbar. Je höher ihre Qualität umso besser das Endergebnis.
- **Wartezeit**
  Die angegebenen Tage sind als Minimum zu verstehen. Bis zu vier Wochen kann es dauern, bis Essig oder Öl das Aroma gut entfalten.
- **Haltbarkeit**
  Ändern sich Geruch oder Geschmack, lass die Finger davon! Trübe Stellen im Öl können hingegen Schwebe- oder Trübstoffe sein, die sich mit den Wochen und Monaten ablagern.
- **Ausprobieren**
  Teste verschiedene Blüten und Blätter aus. Mische sie untereinander. Sei kreativ und probiere nach Lust und Laune aus.
- **Wichtig!**
  Sowohl Weinessig als auch Öl sollten die gesamte Pflanze bedecken, ansonsten besteht Schimmelrisiko!

# *Salate*

| | |
|---|---|
| Brennnesselsalat | **Outdoorfan und Gartennutzer** |
| Baumsalat | **Outdoorfan und Gartennutzer** |
| Wilder Salat | **Outdoorfan und Gartennutzer** |
| Wildkräutersalat | **Outdoorfan und Gartennutzer** |
| Gänseblümchensalat | **Outdoorfan und Gartennutzer** |
| Bachbungensalat | **Outdoorfan und Gartennutzer** |

**Brennnesselsalat**

*Zutaten:*

2 Handvoll junge Brennnesselblätter
Blüten nach Wunsch und Vorhandensein
Essig, Öl, Zitronensaft, Salz und Pfeffer nach Wunsch

*Zubereitung:*

Wasche Brennnessel und Blüten, säubere sie von Stielen und unbrauchbaren Teilen. Schneide die Brennnesselblätter klein und mische beides.

Vermenge Essig, Öl und Zitronensaft zur Marinade, schmecke mit Salz und Pfeffer ab und gib sie über die Mischung.

*Anmerkung und Empfehlung:*
Alternativ passt feines Joghurtdressing.

## Baumsalat

### *Zutaten:*
1 Schüssel junger Blätter von Ahorn, Buche und Linde
2 Frühlingszwiebel
Essig, Öl und Zitronensaft nach Wunsch

### *Zubereitung:*
Sammle vorsichtig eine Schüssel junger Blätter. Wasche die Frühlingszwiebel, schneide sie in hauchfeine Ringe und mische sie unter die Blätter.

Vermenge Essig, Öl und Zitronensaft zur Marinade und gib sie über die Mischung.

### *Anmerkung und Empfehlung:*
Die besten Monate für diesen Salat sind April und Mai. In dieser Zeit sind die Blätter jung und ausgesprochen lecker. Verfeinern lässt sich dieses Dressing mit Salz, Pfeffer und Ingwerpulver nach Geschmack.

## wilder Salat

### *Zutaten:*
je 1 Handvoll Löwenzahn, junge Brennnesselblätter, Gänseblümchen und Sauerklee
Kräuter und gehackte Nüsse nach Wunsch
1 EL Senf
Joghurt, Zitronensaft und Zucker nach Wunsch

*Zubereitung:*
Wasche dein Sammelgut, hacke es klein und mische Kräuter und Nüsse darunter.

Vermenge Joghurt, Zitronensaft und Zucker zur Marinade und gib sie über die Mischung.

*Anmerkung und Empfehlung:*
Streue zum Verfeinern Ziegenkäsewürfel und Croutons über den Salat.

## Wildkräutersalat

*Zutaten:*
    1 große Schüssel Wildgemüse nach Vorhandensein (Löwenzahn, Brennnesselblätter, Sauerampfer,...)
    Essig, Öl und Zitronensaft nach Wunsch
    gehackte Nüsse nach Wunsch

*Zubereitung:*
Wasche und säubere das gesammelte Wildgemüse.

Vermenge Essig, Öl und Zitronensaft zur Marinade, schmecke mit Salz und Pfeffer ab und gib sie über die Mischung. Runde abschließend mit gehackten Nüssen nach Wunsch ab.

*Anmerkung und Empfehlung:*
Zum Verfeinern bietet sich klein geschnittener Emmentaler oder Gouda an.

## Gänseblümchensalat

***Zutaten:***

2 Handvoll Gänseblümchen (Blüten und Blätter)
1 kleiner Kopfsalat
50 g Käse
2 EL Balsamico Essig
3 EL Öl
Salz und Pfeffer nach Wunsch

***Zubereitung:***

Wasche und schneide den Kopfsalat in dünne Streifen. Zerbrösel den Käse mit den Fingern und mische ihn, gemeinsam mit den Gänseblümchen, unter die Kopfsalatstreifen.

Vermenge die restlichen Zutaten zur Marinade und gib sie über die Mischung.

***Anmerkung und Empfehlung:***

Gänseblümchen sind hübsch anzusehen und passen optisch zu jedem Wildgemüsesalat. Verfeinern lässt sich dieser Salat mit Löwenzahn- und Veilchenblüten.

## Bachbungensalat

### Zutaten:
300 g Bachbungen (Blätter und Stiele)
100 g geriebene Karotten
1 EL Apfelessig
2 EL Olivenöl
Salz, Pfeffer und Knoblauch nach Wunsch

### Zubereitung:
Wasche und schneide die Bachbungenblätter/stiele. Reibe die Karotten und mische sie darunter.

Vermenge die restlichen Zutaten zur Marinade und gib sie über die Mischung.

### Anmerkung und Empfehlung:
Als Beilage bietet sich eine Scheibe Schwarzbrot an.

## Tipps und Tricks für Salate

- **Beilagen**
  Salate sind leicht und schnell zuzubereiten. Als Beilagen bieten sich Brot und Gebäck an.
- **Tempo**
  Salate gehören zu den schnellsten Gerichten. Die passende Beilage machen sie zur vollwertigen Mahlzeit.
- **Blüten**
  Die Farbenpracht der Blüten werten jeden Salat auf, machen ihn zur Augenweide. Besonders gut lassen sich Gänseblümchen, Veilchen, Schnittlauchblüten, Ringelblume, Stiefmütterchen, Senfblüten und Kapuzinerkresse nutzen. Für deine Salate kannst du alle essbaren Blüten heranziehen. Sei kreativ!
- **aktuelle Kräuter**
  Nutze aktuell blühende Blumen und Kräuter. Besonders im Frühjahr steckt in ihnen gesunde Kraft und Energie.
- **Marinade / Dressing**
  Passe es deinem Geschmack an. Für jeden Wildkräutersalat lässt sich die klassische Essig/Öl Version nutzen. Variiere mit klein geschnittenen Kräutern, verwende Kräuteressige und -öle oder nimm Joghurtmarinaden.
  Sei kreativ, probiere neue Marinaden aus.
  Mische Marinaden und Dressing in einem zweiten Behälter. Gib sie erst kurz vor dem Servieren über den Salat. So bleiben Geschmack und Knackigkeit

länger erhalten. Achte auf die Menge! Ertränke die Salate nicht!

- **Geschmack**
  Die meisten Blüten und viele junge Baumblätter lassen sich für Wildsalate nutzen. So schmecken Buchenblätter leicht säuerlich, Ahornblätter gehen in die süßliche Richtung, Lindenblätter wiederum sind mild im Geschmack. Jeder Baum schmeckt anders. Gleiches gilt für Blütenköpfe.

- **Nüsse und Käse**
  Abgesehen von Gebäck lassen sich Salate vor allem mit verschiedenen Nüssen und Käse aufwerten und verfeinern.

# *Nachspeisen / Süßes*
## *Knabbereien*

| | |
|---|---|
| Brennnesselchips | **Waldläufer und Trapper** |
| Eichelkügelchen | **Outdoorfan und Gartennutzer** |
| Kandierte Veilchen | **Outdoorfan und Gartennutzer** |
| Löwenzahnpfannküchlein | **Outdoorfan und Gartennutzer** |
| Ausgebackener Holunder | **Outdoorfan und Gartennutzer** |

### **Brennnesselchips**

*Zutaten:*

1 Handvoll frische Brennnesselblätter
Salz und Öl nach Bedarf

*Zubereitung:*

Wasche die Brennnesselblätter und lass sie abtropfen. Frittiere sie in ausreichend heißem Öl. Nimm sie aus dem Öl, sobald sie sich leicht verfärben. Streu eine Prise Salz darüber und lass sie vor dem Verzehr kurz abkühlen.

*Anmerkung und Empfehlung:*

Willst du die grüne Farbe erhalten, achte darauf, das Öl nicht zu heiß werden zu lassen. Gib ihnen beim Frittieren ausreichend Platz, lass sie nicht aneinander kleben.

## Eichelkügelchen

***Zutaten:***
Eichelmehl
entsteinte Datteln und Rosinen nach Wunsch
Kakaopulver nach Bedarf
Kokosrapseln nach Wunsch

***Zubereitung:***
Entkerne die Datteln und dreh sie, gemeinsam mit den Rosinen, durch einen Fleischwolf. Gib die gleiche Menge Eichelmehl und Kakaopulver nach Wunsch zur Masse. Vermenge und knete alles gut durch.
Nimm mit einem Teelöffel annähernd gleich große Stücke aus der Masse, forme diese zu Kügelchen und wälze sie in Kakaopulver oder Kokosraspeln. Bewahre sie im Kühlschrank auf.

***Anmerkung und Empfehlung:***
Finger weg, wenn du Diät hältst! Diese Kügelchen sind gehaltvoll.
Bei Kinderfesten eignen sie sich als Leckerei für zwischendurch.

## Kandierte Veilchen

***Zutaten:***
- 100 g Veilchenblüten
- 300 g Zucker

***Zubereitung:***

Blanchiere die Veilchenblüten in kochendem Wasser, gib sie anschließend auf ein Sieb oder ein Stück Küchenrolle und lass sie dort abtropfen.

Koche in der Zwischenzeit den Zucker mit Wasser auf. Er muss Blasen werfen, bevor du weitermachen kannst. Schalte den Ofen aus oder nimm den Topf von der Feuerstelle.

Gib die Blüten in die Zuckermasse. Achte auf ausreichend Abstand der einzelnen Blüten zueinander.

Bevor der Zucker hart wird, nimm jede Blüte einzeln mit einer Pinzette heraus und lass sie auf Back- oder Pergamentpapier erstarren.

***Anmerkung und Empfehlung:***

Lass ihnen ausreichend Zeit. Spätestens am nächsten Tag kannst du sie in ein Glasgefäß geben und dort aufbewahren. Sind sie fertig, eignen sie sich als Dekoration für Kuchen und andere Leckereien. Als Geschenk hinterlassen sie bleibenden Eindruck.

# Löwenzahnpfannküchlein

### *Zutaten:*
1 Handvoll blühender Löwenzahnblüten
1 Ei
Mehl, Milch und Öl nach Bedarf

### *Zubereitung:*
Mische Ei, Mehl und Milch zu einem glatten Teig. Er sollte wie Honig vom Löffel gleiten. Tut er dies nicht, gib noch Milch oder Mehl in den Teig.
Zupfe die Löwenzahnköpfe aus den grünen Blätterkörbchen. Mische die Blütenfäden unter den Teig und verrühre alles gut.

Nimm mit einer kleinen Schöpfkelle oder einem großen Esslöffel kleine Portionen und gib sie in heißes Öl zum Ausbacken. Wende sie rechtzeitig, bevor sie durch sind.

Lass sie anschließend auf einem Stück Küchenrolle abtropfen.

### *Anmerkung und Empfehlung:*
Mit ganzen Gänseblümchen- und Veilchenblüten lässt sich dieses Gericht verfeinern. Als Beilage bietet sich ein Salat aus Löwenzahnblättern an.

Wie die Eichelkügelchen sind diese Löwenzahnpfannküchlein gut für Kinderfeste geeignet.

## ausgebackener Holunder

### *Zutaten:*
Holunderdolden nach Wunsch
1 Ei
Mehl, Milch und Öl nach Bedarf

### *Zubereitung:*
Wasche die Holunderdolden in frischem Wasser und lass sie auf einem Sieb oder einem Stück Küchenpapier abtropfen. Achte darauf, dass der Doldenstiel dranbleibt.
Mische Ei, Mehl und Milch zu einem glatten Pfannkuchenteig. Er sollte wie Honig vom Löffel gleiten. Tut er dies nicht, gib noch Milch oder Mehl in den Teig.
Tauche die Dolden ein und backe sie im heißen Fett aus. An den Stielen lasen sie sich gut eintunken und später aus der Pfanne heben.

Gib sie anschließend auf ein Stück Küchenrolle zum Abtropfen.

### *Anmerkung und Empfehlung:*
Mit Puderzucker und einer Prise Zimt schmeckt der ausgebackene Holunder süß und lecker. Alternativ passen Ahorn- und Agavensirup.

## Tipps und Tricks für Nachspeisen / Süßes / Knabbereien

- **Marmeladen und Gelees**
  Obstbäume bieten sich als Lieferanten für Gelees und Marmeladen an.
- **einbacken im Pfannkuchenteig**
  Abgesehen von Holunder gibt es vieles, das sich für diese Rezeptart eignet. Von Frühlingszwiebel bis zu Pilzen lässt sich vieles in Pfannkuchenteig ausbacken. Meist passen Kompott oder Apfelmus und eine Zimt/Puderzuckermischung zum Gericht.

# Pesto / Saucen

| | |
|---|---|
| Bärlauch/Brennnesselpesto | Outdoorfan und Gartennutzer |
| Kräuterpesto | Outdoorfan und Gartennutzer |
| Brennnesselsauce | Outdoorfan und Gartennutzer |
| Sauerampfersauce | Outdoorfan und Gartennutzer |
| Spitzwegerichsauce | Outdoorfan und Gartennutzer |
| Wiesenschaumkrautsauce | Outdoorfan und Gartennutzer |

## Bärlauch/Brennnesselpesto

***Zutaten:***
- 250 g Bärlauchblätter
- 250 g Brennnesselblätter
- 100 g Pinienkerne
- 160 g Parmesan
- 280 ml Olivenöl
- Knoblauch und Salz nach Wunsch

***Zubereitung:***

Röste die Pinienkerne in einer fettfreien Pfanne auf kleiner Flamme an. Wasche zwischenzeitlich die Blätter. Trockne sie mit einem Küchentuch und schneide sie klein.

Mixe Bärlauchblätter, Pinienkerne, Parmesan und Olivenöl gut durch, bis eine homogene Masse entsteht. Schmecke mit Knoblauch und Salz ab.

***Anmerkung und Empfehlung:***

Lagere Pesto in kleinen Gläsern und gekühlt. Es sollte eine

kleine Schicht Öl obenauf schwimmen und das Pesto bedecken, um möglicher Schimmelbildung vorzubeugen.

## Kräuterpesto

### Zutaten:
- 1 EL Borretschblätter
- 1 EL Fenchelkrautblätter
- 1 EL Liebstöckel
- 1 EL Anissalbeiblätter
- 1 EL Ringelblumenblütenblätter
- 25 g geriebenen Parmesan
- 25 g geriebene Haselnusskerne
- Salz und Pfeffer nach Geschmack

### Zubereitung:
Röste die geriebenen Nusskerne in einer fettfreien Pfanne auf kleiner Flamme an.

Wasche sämtliche Zutaten und zerkleinere sie. Mische die Blätter, Parmesan, gerösteten Nüsse und das Öl gut durch. Schmecke mit Salz und Pfeffer ab.

### Anmerkung und Empfehlung:
Bei diesem Pesto lässt sich wunderbar variieren. Nicht jedes Kraut gibt es frisch zu jeder Jahreszeit. Beispielsweise harmonieren Brennnessel, Giersch, Wiesenkerbel, Vogelmiere oder Sauerampfer für ein weiteres Pesto gut miteinander.

## Brennnesselsauce

### *Zutaten:*
4 EL gehackte Brennnesselblätter
1 Zwiebel
1 Knoblauchzehe
2 EL Olivenöl
2 EL Mehl
125 ml Brühe
Salz, Pfeffer und Muskat nach Wunsch

### *Zubereitung:*
Schäle und schneide die Zwiebel klein. Röste sie in Fett an, bis sie sich goldgelb färben. Verteile das Mehl gleichmäßig auf ihnen. Rühre die Brühe unter und lass alles kurz aufkochen. Wasche zwischenzeitlich die Brennnesselblätter und hacke sie fein, bevor sie zur Brühe kommen.

Schmecke mit Salz, Pfeffer und Muskat ab.

### *Anmerkung und Empfehlung:*
Verfeinern lässt sich diese Sauce mit einem EL Sauerrahm.

## Gänseblümchensauce

### *Zutaten:*
3 Handvoll Gänseblümchenköpfe
40 g Butter oder Margarine
40 g Mehl
Milch, Schnittlauch und Zitronensaft nach Wunsch

*Zubereitung:*

Bring Butter oder Margarine in einem Topf zum Schmelzen. Misch das Mehl unter und rühre 3 Minuten durchgehend um, bis sich die Masse goldgelb verfärbt. Diese helle Mehlschwitze bildet die Basis der Sauce.

Wasche und schneide die Gänseblümchen fein. Gib sie, zusammen mit der Milch, zur Mehlschwitze und rühre vorsichtig weiter um, bis daraus eine cremige Sauce entsteht.

Schmecke mit Schnittlauch und Zitronensaft ab.

*Anmerkung und Empfehlung:*

Ergänzend zum Schnittlauch passen Petersilie, Borretsch und andere Kräuter der Saison.

## Sauerampfersauce

*Zutaten:*

    4 Handvoll Sauerampferblätter
    2 EL Röstzwiebel
    250 ml Brühe
    Schnittlauch und Butter nach Wunsch

*Zubereitung:*

Wasche und hacke die Sauerampferblätter klein. Dünste sie zusammen mit den Röstzwiebeln und der Butter in einem Topf weich. Gib einen passenden Deckel auf den Topf. Lass ihn einen Spalt offen, damit der Wasserdampf entweichen und die Sauce eindicken kann.

Fülle nach 5 Minuten mit Brühe auf und schmecke mit Muskat und Salz ab.

***Anmerkung und Empfehlung:***
Verfeinern lässt sich diese Sauce mit Sauerrahm.

### Spitzwegerichsauce

***Zutaten:***
   2 Handvoll Spitzwegerichblätter
   Wasser, Margarine, Mehl, Salz, Kerbel und Dill nach Bedarf

***Zubereitung:***
Wasche und hacke die Spitzwegerichblätter klein. Dünste sie zusammen mit Butter, Mehl und Salz in einem Topf weich. Gib einen passenden Deckel auf den Topf. Lass ihn einen Spalt offen, damit der Wasserdampf entweichen kann und die Sauce eindicken kann.

Fülle nach 5 Minuten mit Wasser auf und lass sie weitere 10 Minuten auf kleiner Flamme köcheln. Sie darf nicht zu stark eindicken. Fülle bei Bedarf Wasser nach.

Schmecke mit Kerbel und Dille ab.

***Anmerkung und Empfehlung:***
Tausche Kerbel und Dille gegen Majoran, Petersilie und Schnittlauch, um den Geschmack zu variieren.

# Wiesenschaumkrautsauce

### *Zutaten:*
- 2 Handvoll Wiesenschaumkraut
- 40 g Butter oder Margarine
- 40 g Mehl
- Brühe, Salz und Pfeffer

### *Zubereitung:*
Bring Butter oder Margarine in einem Topf zum Schmelzen. Misch das Mehl unter und rühre 3 Minuten durchgehend um, bis sich die Masse goldgelb verfärbt. Diese helle Mehlschwitze bildet die Basis der Sauce.

Wasche und schneide das Wiesenschaumkraut fein und mische es in die Mehlschwitze. Fülle mit Brühe nach Wunsch auf. Schmecke mit Salz und Pfeffer ab.

### *Anmerkung und Empfehlung:*
Wiesenschaumkraut eignet sich gut für Saucen. Sein duftiger Geschmack ist gutes Trägermedium. Nutze für dieses Rezept die Stängel und jungen Blütenstände.

## Tipps und Tricks für Saucen

- **Saucen zu Suppen**
  Die meisten Saucenrezepte kannst du zu Suppen umarbeiten. Gib ausreichend Wasser oder Brühe in den Topf und verdünne damit die Saucen. Schmecke mit zusätzlichen Gewürzen und Kräutern ab und gib Einlagen wie Reis oder klein geschnittene Kartoffel in die Suppe.
- **Beilagen**
  Saucen passen zu den meisten Teigwaren. Bei Fleisch/Fisch/Gemüsegerichten ist es schwerer.

# *Aufstriche / Butter*

| Lagerfeuerknoblauch | **Waldläufer und Trapper** |
|---|---|
| Bärlauchaufstrich | **Outdoorfan und Gartennutzer** |
| Bärlauchbutter | **Outdoorfan und Gartennutzer** |
| Wildkräuterbutter | **Outdoorfan und Gartennutzer** |

### Lagerfeuerknoblauch

*Zutaten:*
Knoblauchknollen nach Vorhandensein
Wasser nach Bedarf

*Zubereitung:*
Gib die Knoblauchknollen auf das Glutbett deines Lagerfeuers. Warte, bis sich ihre Außenseite schwarz färbt. Ist das Innere der Knolle weich, hast du eine leckere Beilage oder Aufstrich.

*Anmerkung und Empfehlung:*
Wässere größere Knollen 30 - 40 Minuten vor ihrer Zubereitung. Dadurch erhält das Innere ausreichend Garzeit, ohne das Äußere zu verkohlen.

### Bärlauchaufstrich

*Zutaten:*
10 g Bärlauch
1 kleine Zwiebel
25 g Butter

1 TL Senf
1 EL Sauerrahm

*Zubereitung:*
Wasche und schneide den Bärlauch klein. Schäle und würfle die Zwiebel. Mische alle Zutaten zusammen und bewahre den Aufstrich im Kühlschrank auf.

*Anmerkung und Empfehlung:*
Weiche Butter lässt sich leichter verarbeiten. Kaufe entweder Joghurtbutter oder stell die Butter aus dem Kühlschrank, bevor sie mit den anderen Zutaten vermixt wird.

## Bärlauchbutter

*Zutaten:*
200 g Bärlauch
1 Limette
125 g Butter

*Zubereitung:*
Wasche und schneide den Bärlauch klein. Spüle die Limette heiß ab und reibe die Schale fein. Mische alle Zutaten zusammen und bewahre die Bärlauchbutter im Kühlschrank auf.

*Anmerkung und Empfehlung:*
Verfeinern lässt sich diese Mischung mit Salz, Pfeffer, Muskat und Zitronensaft. Untergemischte Kräuter geben der Butter einen besonderen Pfiff.

## Wildkräuterbutter

***Zutaten:***

je 1 EL Schafgarbe, Sauerampfer, Knoblauchrauke, Giersch und Löwenzahn
250 g Butter
Salz nach Bedarf

***Zubereitung:***

Wasche und schneide die Kräuter fein. Mische alle Zutaten zusammen und bewahre den Aufstrich im Kühlschrank auf. Schmecke die Mischung noch mit einer Prise Salz ab.

***Anmerkung und Empfehlung:***

Verfeinern lässt sich dieses Butterrezept mit einer kleinen Portion untergemischten Knoblauch.

## Tipps und Tricks für Aufstriche / Butter

- **Beilagen**
  Aufstriche eignen sich vorzüglich zu selbst gemachtem Gebäck und verschiedenen warmen Gerichten.

- **Butter**
  Bärlauch lässt sich gut mit anderen Kräutern mischen. Derartige Butter lässt sich leicht als Basis für Braten deftiger Gerichte nutzen.

- **Aufbewahren**
  Gib Aufstriche in passende Behälter. Optimal eignen sich kleine Gläser mit Schraubdeckel.
  Leg alternativ Butter in Klarsichtfolie, forme eine 3 cm dicke Rolle daraus und stelle diese anschließend kalt.
  Oder zieh alternativ hübsche Eiswürfelformen heran. Fülle diese mit deiner eigenen Butter und stell sie in das Tiefkühlfach.

- **Dekoration beim Servieren**
  Lass die Butter in der warmen Küche stehen, bis sie weich genug ist. Fülle sie in Spritzbeutel und dekoriere damit den Teller nach Belieben. Meist reichen kleinere Portionen!

## *Getränke*

| Alkoholfrei | |
|---|---|
| Cowboykaffee | **Waldläufer und Trapper** |
| Lagerfeuerkaffee | **Waldläufer und Trapper** |
| Brennnessellimonade | **Outdoorfan und Gartennutzer** |
| Russisches Vogelmierengetränk | **Outdoorfan und Gartennutzer** |
| Brennnesselsirup | **Outdoorfan und Gartennutzer** |
| Löwenzahnsirup | **Outdoorfan und Gartennutzer** |
| Veilchensirup | **Outdoorfan und Gartennutzer** |
| **Alkoholisch** | |
| Salbei-Glühwein | **Outdoorfan und Gartennutzer** |
| Vogelbeerlikör | **Outdoorfan und Gartennutzer** |
| Wacholdergeist | **Outdoorfan und Gartennutzer** |
| Waldmeisterbowle | **Outdoorfan und Gartennutzer** |

### Cowboykaffee

*Zutaten:*

    4 L Wasser

    0,5 kg gemahlenes Kaffeepulver

    Salz nach Bedarf

*Zubereitung:*

Vermische Kaffeepulver und Wasser. Rühre alles gut um und bringe sie auf einem Feuer zum Kochen. Streue eine Prise Salz in den Kaffee. Genieße ihn heiß!

*Anmerkung und Empfehlung:*

Einfach zu machen und heiß getrunken vertreibt der Cowboykaffee rasch die Müdigkeit.

## Lagerfeuerkaffee

### *Zutaten:*
1 L Wasser
1 Tasse gemahlenes Kaffeepulver
0,5 Tasse kaltes Wasser

### *Zubereitung:*
Füll das Wasser in eine Blechkanne und rühre das Kaffeepulver gut ein. Stell die Kanne über das Feuer, achte darauf, den Griff nicht direkt über der Flamme zu haben, er wird leicht heiß.
Lass den Kaffee aufkochen und nimm ihn anschließend von der Flamme. Gib 5 bis 10 EL kaltes Wasser in die Kanne. Dadurch kann sich das Kaffeemehl absetzen. Lass ihn vor dem Trinken weitere 5 - 10 Minuten ziehen!

### *Anmerkung und Empfehlung:*
Stört dich der Kaffeesatz, koch ein verquirltes Ei mitsamt Eierschale mit. Die zerdrückte Eierschale bindet das Kaffeepulver!
Am besten schmeckt dieser Kaffee bei einem schönen Sonnenaufgang in freier Natur. Optimal ist 1 KL Kaffeepulver auf eine Tasse fertigen Kaffee.

## Brennnessellimonade

### *Zutaten:*
2 L Wasser
2 Handvoll junge Brennnesselblätter
1 TL geriebene frische Ingwerwurzel

225 g Zucker
Zitronensaft nach Wunsch

***Zubereitung:***
Gib sämtliche Zutaten in einen Kochtopf und lass sie gut aufkochen. Stell den Topf beiseite. Warte 10 Minuten, bis das Gekochte ausreichend abgekühlt ist.
Seihe den Inhalt ab oder gieße ihn durch einen großen Kaffeefilter und fülle ihn in kleinere Flaschen um. Bewahre den Sirup gekühlt auf.

***Anmerkung und Empfehlung:***
Besonders gut schmeckt diese Limonade im Mischverhältnis 1:2 mit Mineralwasser.

## Russisches Vogelmierengetränk

***Zutaten:***
1 Bündel frische Vogelmiere
100 g Kren
2 L Wasser
60 g Zucker

***Zubereitung:***
Schäle den Kren, wasche die Vogelmiere und schneide beides klein. Gib sie gemeinsam in einen Topf mit kochendem Wasser und lass alles 4 Stunden ziehen.
Seihe den Inhalt ab oder gieße ihn durch einen großen Kaffeefilter und fülle ihn in kleinere Flaschen um. Bewahre den Sirup gekühlt auf.

*Anmerkung und Empfehlung:*
Dieses Getränk stammt aus Russland.

## Brennnesselsirup

*Zutaten:*
3 L Wasser
5 kg Brennnesselblätter
3 kg Zucker
2 EL Zitronensäure

*Zubereitung:*
Gib sämtliche Zutaten in einen Kochtopf und koche sie wie Marmelade auf. Stell den Topf beiseite. Warte 10 Minuten, bis das Gekochte ausreichend abgekühlt ist. Misch die Zitronensäure ein und stell den Inhalt für 3 Tage in einen kühlen Kellerraum.
Seihe den Inhalt ab oder gieße ihn durch einen großen Kaffeefilter und fülle ihn in kleinere Flaschen um. Bewahre den Sirup gekühlt auf.

*Anmerkung und Empfehlung:*
Geschmacklich ist der Sirup gewöhnungsbedürftig. Süße ihn mit Honig und spritze mit Mineralwasser auf.

## Löwenzahnsirup

***Zutaten:***
- 100 g frische Löwenzahnblüten
- 750 ml Wasser
- 1 kg Zucker
- Zitronensaft nach Wunsch

***Zubereitung:***
Wasche und trockne die Blütenköpfe. Trenne sie aus ihrer Blütenhalterung und koche sie 5 Minuten im Wasser. Siebe die Blütenblätter aus dem Topf, ersetze sie durch Zucker und Zitronensaft. Lass diese Mischung auf kleiner Flamme 1 Stunde lang köcheln. Entdeckst du erste Fäden in der Masse, ist der Sirup zum Umfüllen bereit. Seihe den Inhalt ab oder gieße ihn durch einen großen Kaffeefilter und fülle ihn in kleinere Flaschen um. Bewahre den Sirup gekühlt auf.

***Anmerkung und Empfehlung:***
Bewahre diesen Sirup kühl und abgedunkelt auf. So kann er bis zu einem Jahr unbeschadet überstehen.

## Veilchensirup

***Zutaten:***
- 100 g frische Veilchenblüten
- 500 ml Wasser
- 500 g Zucker
- Zitronensaft nach Wunsch

***Zubereitung:***
Gib die Veilchenblüten in ein Gefäß aus Porzellan oder Glas,

übergieße sie mit kochendem Wasser und lass sie eine Nacht ziehen. Gib am nächsten Morgen Zucker und Zitronensaft zu den Veilchenblüten. Erhitze diese Mischung, aber koche sie nicht! Schöpfe darauf entstehenden Schaum ab. Nimm den Topf nach maximal 15 Minuten von der Flamme.
Seihe den Inhalt ab oder gieße ihn durch einen großen Kaffeefilter und fülle ihn in kleinere Flaschen um. Bewahre den Sirup gekühlt auf.

***Anmerkung und Empfehlung:***
Abgesehen vom köstlichen Geschmack lässt sich dieser Sirup als Helfer bei Husten heranziehen.

## Salbei-Glühwein

***Zutaten:***
    0,5 L Rotwein
    2 EL zerzupfte Salbeiblätter
    3 EL Zucker
    1 Zimtstängel
    Zitrone nach Bedarf

***Zubereitung:***
Brich den Zimtstängel in Stücke. Gib Rotwein, Salbeiblätter, Zimt und Zucker in einen Topf und koche die Zutaten auf. Nimm den Topf anschließend vom Feuer und schmecke mit Zitronensaft ab.

***Anmerkung und Empfehlung:***
Dieses Getränk stammt aus Ungarn.

## Vogelbeerlikör

### *Zutaten:*
1 Schüssel Vogelbeeren
Branntwein nach Bedarf
500 ml Zuckersirup

### *Zubereitung:*
Zuckersirup lässt sich kaufen oder selber machen. Dazu braucht es die gleiche Menge Zucker und Wasser. Koche beides zusammen auf und lass den derart gewonnenen Zuckersirup abkühlen.

Gib die Vogelbeeren in große Glasflaschen und übergieße sie mit gutem Branntwein. Verkorke die Flaschen für 3 Monate. Stell sie in ein warmes Zimmer oder in die Sonne. Entfärben sich die Beeren, sind sie bereit zum Abseihen. Dafür eignet sich Flanellstoff hervorragend. Rühre den Zuckersirup unter, filtriere durch einen großen Kaffeefilter und fülle in kleinere Flaschen um.
Lass dem Likör ausreichend Zeit zur Reifung. Probiere nach 2 Monaten, ob dir der Geschmack bereits zusagt. Ansonsten lass ihn einen weiteren Monat reifen

### *Anmerkung und Empfehlung:*
Sammle die Vogelbeeren vor den ersten Herbstfrösten. Dadurch schmeckt der Likör besser.
Dieses Getränk stammt aus Russland und nennt sich dort Nalifka.

# Wacholdergeist

## *Zutaten:*
- 150 g Wacholderbeeren
- 150 g Kümmel
- 50 g Knoblauch
- 100 g Zucker
- 1 L Weinbrand
- 1 L Wasser

## *Zubereitung:*
Koche Wasser und Zucker gemeinsam auf. Zerquetsche Wacholderbeeren, Kümmel und Knoblauch. Gut eignet dafür ein Mörser.

Gib diese Zutaten zum Zuckersirup und koche alles für 2 Minuten auf kleiner Flamme. Nimm den Topf vom Herd und filtriere durch einen großen Kaffeefilter. Misch den Weinbrand darunter und stelle den Wacholdergeist an einen kühlen Ort.

## *Anmerkung und Empfehlung:*
Genieße den Wacholdergeist in kleinen Mengen!

## Waldmeisterbowle

**Zutaten:**
1 Büschel Waldmeister
1 L Weißwein
Zitronensaft und Sekt nach Wunsch

**Zubereitung:**
Hänge den Waldmeister mit den Blüten nach unten in einen guten Tonkrug. Begieße ihn mit 0,5 L Weißwein und lass ihn 60 Minuten ziehen.

Zieh den Waldmeister aus dem Krug. Er wird nicht mehr gebraucht. Dafür gehören der restliche Weißwein, Zitronensaft und gekühlter Sekt in den Tonkrug. Rühre mit einem Holzkochlöffel vorsichtig um und stelle ihn zum Genuss bereit.

**Anmerkung und Empfehlung:**
Besonders gut schmeckt die Bowle gekühlt an einem heißen Sommerabend im Garten oder auf einer Veranda.

## Tipps und Tricks für Getränke

- **Qualität**
  Nutze hochwertige Qualität, wenn du aus Wildfrüchten Alkohol herstellen willst. Hohe Qualität erschwert es, am nächsten Morgen mit einem Kater aufzuwachen.
  Vergleiche beispielsweise günstigen Whisky aus einem x-beliebigen Supermarkt mit hochwertigen Marken wie dem "RoughStock Montana Whiskey". Den Unterschied erkennst du am Morgen nach dem Genuss!
- **Smoothies**
  Jegliche genießbaren Wildkräuter lassen sich zu leckeren Smoothies verarbeiten. Mische sie mit Südfrüchten wie Bananen oder einfacher Buttermilch.
- **Sirupe**
  Von Obst bis Blüten lässt sich nahezu alles zu Sirupen verarbeiten. Achte darauf, ausreichend Zucker zur Verfügung zu haben.
  Zusätzlich eignet sich guter Sirup für liebevolle Geschenke. Fülle sie in ansprechende Flaschen und klebe ein passendes Etikett darauf.

# ***Tierische Nahrung***

Erinnerst du dich an das Jahr 2012, als der Mayakalender den bevorstehenden Weltuntergang ankündigte? Weltuntergänge werden regelmäßig prophezeit und üblicherweise großteils ignoriert. Dieser angekündigte Weltuntergang veranlasste viele Menschen, über eine mögliche Survival-Situation nachzudenken.
Vielleicht war es für dich ein Moment innezuhalten und eine "Was-wäre-wenn" Situation durchzuspielen. Möglicherweise tust du das jetzt noch.

An sich klingt eine entsprechende Survivalsituation unrealistisch. Dabei kann diese schneller eintreten, als du im Augenblick denkst. Nimm an, du fliegst, stürzt in einer unbewohnten Gegend ab und der nächste Ort ist tagelang entfernt. Wüsstest du, was du essen kannst und wie du dich ernährst?

Jagen und Fischen kostet Energie, zumal die "Jagdbeute" erst gefunden werden muss. Wüsstest du, wie du sie schmerzfrei erlegen und ausnehmen könntest?
Eine mögliche Alternative stellen Insekten dar. Sie sind leicht zu fangen und beinhalten gleichzeitig eine große Menge an Proteinen und verschiedene andere Nährstoffe. Natürlich ist es bis jetzt für den durchschnittlichen Mitteleuropäer schwer vorstellbar, Insekten zu verspeisen.

Vielleicht denkst du jetzt, das sei widerlich und ekelhaft. Wirf diese Gedanken über Bord und probier sie. In verschiedenen Lokalen kannst du das gefahrlos nach europäischen Maßstäben austesten.
Insekten lassen sich bis weit in die kargsten Regionen hinein finden. Viele leben in Bodennähe oder im Wasser. Besonders

leicht sind sie in Wäldern zu finden. Vielfach reicht es aus, Steine oder alte Äste zu heben. Schon wimmelt es regelrecht vor flüchtendem Kleingetier.

Als wahre Fundgrube entpuppen sich Tothölzer, am Boden liegende Baumstämme und Äste. Sie dienen Insekten und anderen Kleintieren als wichtiger Lebensraum.

**Essbare Insekten sind unter anderem:**
Wanderheuschrecken (Locusta migratoria)
Wüstenheuschrecken (Schistocerca gregaria)
Heimchen (Acheta domesticus)
Steppengrillen (Gryllus assimilis)
Mittelmeergrillen (Gryllus bimaculatus)
Bienenmaden (Gallerina mellonella)
Mehlwürmer (Tenebrio molitor)
Riesenmehlwürmer (Zophobas morio)

## Tierschutz

Einige Insekten stehen unter Naturschutz! Derart geschützte Arten lassen sich über Zuchtfarmen käuflich erwerben. Informiere dich, bevor du wahllos zugreifst! Nimm nicht mehr Insekten, als du brauchst. Nimm Rücksicht auf dein Umfeld und die Natur, in der du dich aufhältst.

| | |
|---|---|
| gebackene Heuschrecken | **der Purist - für Survivalfans** |
| gebratene Heuschrecken | **Waldläufer und Trapper** |
| Frittierte Heuschrecken | **Waldläufer und Trapper** |
| Aufgespießte Heuschrecken | **Waldläufer und Trapper** |
| Wurm im Brot | **Waldläufer und Trapper** |
| Gebratene Schlange | **Waldläufer und Trapper** |
| Geröstete Maden | **Waldläufer und Trapper** |
| Alternatives Studentenfutter | **Waldläufer und Trapper** |
| Gesalzener Snack | **Waldläufer und Trapper** |
| Gekochte Heuschrecken | **Outdoorfan und Gartennutzer** |
| Mehlwurm im Teigmantel | **Outdoorfan und Gartennutzer** |

### gebackene Heuschrecken

*Zutaten:*

2 kg Heuschrecken
Blechstück oder Backblech

*Zubereitung:*

Wasche und trockne die Heuschrecken. Backe sie mehrere Stunden auf einem Blech über einem Feuer oder im Backofen bei 125 Grad. Lass sie anschließend in der Sonne trocknen. Wende sie nach 30 Minuten. Entferne anschließend Beine, Kopf und Flügel.

*Anmerkung und Empfehlung:*

Verfeinern kannst dieses Rezept, indem du vor dem Essen eine Prise Salz und kleingeschnittene Bärlauchblätter untermischst.
Dieses Gericht stammt aus dem Yemen.

## gebratene Heuschrecken

*Zutaten:*
1 kg Heuschrecken
Salz und Fett
Wasser
Kochtopf

*Zubereitung:*
Entferne Flügel und Hinterbeine. Koche sie in Wasser, bis sie weich sind und salze nach Belieben. Brate sie in Fett an, bis sie braun sind.

*Anmerkung und Empfehlung:*
Verfeinern lässt sich dieses Rezept mit einem leckeren Joghurt-Dipp.
Dieses Gericht stammt von den südafrikanischen Tswana und nennt sich Tinjiya.

## frittierte Heuschrecken

*Zutaten:*
Zwei Handvoll Heuschrecken
Pflanzenöl, Salz und Gewürze nach Wunsch

*Zubereitung:*
Entferne Flügel und Beine. Brate die Heuschrecken in einer Pfanne erhitzten Öls, bis sie durchgegart sind. Lass sie auf einem Sieb oder einem Stück Küchenrolle abtropfen und würze nach deinem persönlichen Geschmack.

***Anmerkung und Empfehlung:***
Mit einer Würzmischung aus Paprika, Salz und Chili schmecken die Heuschrecken hervorragend.

## aufgespießte Heuschrecken

***Zutaten:***
    2 Handvoll Heuschrecken
    Erdnussöl, Knoblauch, Rosmarin und Salz nach Wunsch
    Holz/Metall-Spieße

***Zubereitung:***
Entferne Beine und Flügel. Stecke die Heuschrecken vorsichtig auf die Spieße. Erhitzt sich das Öl in der Pfanne, gib Rosmarin und den gepressten Knoblauch hinzu. Lass diese Mischung abkühlen und bestreiche die Insekten damit. Backe sie anschließend im Backofen goldgelb.

***Anmerkung und Empfehlung:***
Verfeinern lässt sich dieses Gericht mit passenden Dipp wie Guacamole.

## Wurm im Brot

***Zutaten:***
    2 Handvoll Würmer
    Mehl
    Trockenhefe
    Wasser und Salz nach Bedarf
    Backpapier

*Zubereitung:*
Vermische Mehl, eine Prise Salz und die Trockenhefe in einer Schüssel. Verknete diese Mischung mit ausreichend Wasser zu einem Teig. Forme daraus Teigkugeln und lasse sie an einem warmen Ort 1 Stunde gehen.

Rolle sie dünn aus, plätte sie und drücke die Würmer in den Teig. Gib sie in die Glut des Lagerfeuers, bis der Teig gut durch ist.

*Anmerkung und Empfehlung:*
Backe alternativ die Brotwürmer im Backofen bei 200 Grad. Achte darauf, sie nicht zu lange im Ofen zu lassen.

## gebratene Schlange

*Zutaten:*
   1 Schlange
   Salz, Pfeffer, Knoblauch, Paprika, Chili und Mehl

*Zubereitung:*
Häute die Schlange und nimm sie aus. Es dürfen keine inneren Organe verletzt werden!

Schneide sie in mundgerechte Portionen, würze sie und rolle sie in Mehl.
Brate sie in einer Pfanne mit heißem Fett und lasse sie dort goldbraun anbraten.

*Anmerkung und Empfehlung:*
Schlangen sind zwar keine Insekten, aber in manchen Gebieten der Erde weit verbreitet! Geschmacklich erinnert

Schlange an Hühnerfleisch!
Dieses Gericht stammt aus den USA und wird dort mit einer
Klapperschlange zubereitet.

### geröstete Maden

*Zutaten:*
   2 Handvoll Maden
   Öl und Essig nach Bedarf

*Zubereitung:*
Erhitze das Öl in einer Pfanne. Brate die Maden darin heraus.
Bewege sie beständig mit einem Stock oder Kochlöffel. Sind
sie leicht braun, lösch sie mit Essig ab.

*Anmerkung und Empfehlung:*
Geröstete Maden passen hervorragend zu Blattsalat und
kleinen Tomaten.

### alternatives Studentenfutter

*Zutaten:*
   Zwei Handvoll Insekten
   Trockenobst

*Zubereitung:*
Schneide das Trockenobst klein und stelle es bereit. Entferne
bei Heuschrecken Beine und Flügel. Andere Insekten kannst
du belassen, wie sie sind.
Röste die Insekten in einer heißen, fettfreien Pfanne. Lass sie
anschließend auf dem Backpapier auskühlen. Mische alles
zusammen.

***Anmerkung und Empfehlung:***
Verfeinern lässt sich diese Mischung mit gesalzenen Nüssen.

## gesalzener Snack

***Zutaten:***
   2 Handvoll Mehlwürmer
   Erdnussöl und grobes Meersalz nach Wunsch

***Zubereitung:***
Röste die Mehlwürmer in einer Pfanne an, bis sie sich goldgelb verfärben. Nimm die Pfanne von der Flamme, gib Erdnussöl zu den Würmern. Sie sollten leicht glänzen, aber nicht in Öl ertrinken.

Würze mit Salz nach Wunsch. Schüttle sie in einer Schüssel wie Popcorn, bis das Salz gleichmäßig verteilt ist. Lass sie auskühlen vor dem Verzehr

***Anmerkung und Empfehlung:***
Dieser Snack lässt sich mit einem Hauch zusätzlichen Paprikapulver wunderbar verfeinern.

## gekochte Heuschrecken

***Zutaten:***
   1 Schüssel getrocknete Heuschrecken
   Sojasauce nach Wunsch
   Zucker
   gekochter Reis

*Zubereitung:*
Koch die Heuschrecken in heißem Wasser. Heb sie mit einem Abseihlöffel aus dem Topf. Warte, bis sie ausreichend trocken sind oder tupfe sie vorsichtig mit Küchentuch trocken. Mische die Sojasauce darunter und schmecke mit Zucker ab.

*Anmerkung und Empfehlung:*
Als Beilage bietet sich frisch gekochter Basmatireis an.
Dieses Gericht stammt aus Japan und nennt sich "Inago no Tsukudani".

## Mehlwurm im Teigmantel

*Zutaten:*
    2 Handvoll Mehlwürmer
    4 EL Mehl
    1 Ei
    Wasser, Salz und Öl nach Bedarf
    Zahnstocher

*Zubereitung:*
Bereite aus einer Prise Salz, Mehl, Ei und Wasser einen glatten Teig. Die Mischung passt, wenn er wie Honig vom Löffel gleitet. Rühre bei Bedarf weiteres Wasser oder Mehl unter. Erhitze das Öl in einer Pfanne und gib mit einem großen Löffel kleinere Patzen Teig in das Fett. Streue über jeden Teigfleck Mehlwürmer. Wende die kleinen Pfannkuchen und backe sie fertig aus.

*Anmerkung und Empfehlung:*
Als Beilage passt Apfelmus.

## Tipps und Tricks für tierische Küche

- **Gefahrenquellen**
  Tierische Nahrung ist heikel. Einige tragen Krankheitskeime oder Parasiten in sich, die dem Menschen später Probleme bereiten! Je näher das Tier biologisch dem Menschen ähnelt, umso höher ist das Risiko.
  Darum solltest du tierische Nahrung nicht roh essen, sondern zubereiten!
- **Energieaufwand**
  Häufig steht der Energieaufwand der Jagd konträr zum Nutzen. Weit bessere Kalorienbilanz erhältst du durch pflanzliche Nahrung oder durch Insekten!
- **sei gnädig!**
  Tiere sind Lebewesen und fühlen Schmerz wie du! Das betrifft auch Insekten! Lass sie nicht unnötig leiden!
- **Sauberkeit der Nahrung**
  Wasche und säubere deine Nahrung! Lass Insekten einen Tag vor dem Verzehr fasten. Versorgst du sie mit ausreichend Wasser, reinigt sich ihr Verdauungstrakt selbsttätig.
- **Teesieb**
  Stopfe kleinere Insekten in ein Teesieb und frittiere sie darin heraus. Es erspart dir mühsames Herausfischen!

# *__Nachwort__*

Anfänglich ist es schwer sich in der Fülle an Informationen zurechtzufinden. Fang am Anfang an! Geh nicht gleich in exotische Regionen, sondern beginne vor deinem direkten Zuhause.

Allein ein Blick in alte Kochbücher zeigt, wie vielfältig unsere Ahnen einst kochten.
Ein Blick in die Supermarktregale zeigt heute eine stetig steigende, verlockende Anzahl an Fertiggerichten. Sie sind leicht und schnell zuzubereiten. Gleichzeitig schränken zeitliche und räumliche Gründe die Möglichkeiten stark ein, der Wildküche breiteren Raum zu gewähren.

Lass dich davon nicht abhalten. Geh hinaus, sammle und probiere aus. Es müssen nicht zwangsläufig alte Rezepte sein. Sei kreativ und finde deine eigenen Rezepte. Hab Freude an den Schätzen der Natur!
Dabei spielt es keine Rolle, ob du dies im Survival/Bushcraft, als Waldläufer in einem LARP oder als Gartenfreund tust.

### __Die Natur ist für alle da!__

Sei respektvoll im Umgang mit ihr! Erfreue dich an ihren Schätzen! Erweitere deinen Horizont! Dies war die Grundidee für dieses Büchlein.

### __In diesem Sinne - guten Appetit und gutes Gelingen!__

## *Literaturempfehlungen:*

**Die 12 wichtigsten essbaren Wildpflanzen:** Bestimmen, sammeln und zubereiten (Natur & Genuss) von Markus Strauß, 72 Seiten, Hädecke Verlag, ISBN-10: 3775007687

**Wildkräuter, Beeren und Pilze** von Eva und Wolfgang Dreyer, 174 Seiten, Franckh Kosmos Verlag, ISBN-10: 3440114872

**Wildkräuter finden!** von Christine Schneider, 128 Seiten, Eugen Ulmer Verlag, ISBN-10: 3818600023

**Was blüht den da? Sicher nach Farben bestimmen** von Dietmar Aichele, Marianne Golte-Bechtle und Margot Spohn, 496 Seiten, Franckh Kosmos Verlag, ISBN-10: 3440113795

**Essbare Wildkräuter und ihre giftigen Doppelgänger: Wildkräuter sammeln - aber richtig** von Eva-Maria Dreyer, 144 Seiten, Franckh Kosmos Verlag, ISBN-10: 3440126234

**Ernte am Wegrand: Wildkräuter, Früchte und Beeren** von Christine Recht, 128 Seiten, Eugen Ulmer Verlag, ISBN-10: 3800178710

**essbare Pilze und ihre giftigen Doppelgänger: Pilze sammeln - aber richtig** von Hans E. Laux, 192 Seiten, Franckh Kosmos Verlag, ISBN-10: 3440142930

**Schatzkiste Tee - Medizin aus der Natur** von Haide Zindler, 470 Seiten, Haide Zindler Verlag, ISBN-10: 300030858X